kraut&rüben

Biogärtnern – so geht's

Was Sie in diesem Buch finden

Biogärtnern – lohnt sich das?

Auf Heller und Pfennig ist das schwer zu sagen, aber es gibt viele andere gute Gründe, die dafür sprechen, sich mit der Natur zu verbünden.

Biogemüse schmeckt einfach gut. Selbst gezogen aus dem Garten – was gibt es Besseres? Kräuter, Kopfsalat, Karotten, Kohlrabi und Kartoffeln – wer sie aus eigenem Anbau kennt, lässt sie im Supermarkt gerne links liegen. Die Salate und Gemüse von dort schmecken meist so, wie sie aufgewachsen sind: im Gewächshaus in Rekordzeit mit Turbodünger und Agromedizin aufgepäppelt. Denn Zeit ist Geld und der Markt gnadenlos. Die Preise sind entsprechend niedrig, kein Wunder, dass die innere Qualität oft auf der Strecke bleibt.

Was sie essen, ist Biogärtnern mehr als einen Spottpreis wert. Sie machen selbst den Rücken krumm für Kopfsalat, Rote Bete, Endivie oder Erdbeeren, setzen, gießen, hacken, düngen und schützen die Pflanzen vor Wind und Wetter, Käfern und Raupen. Einige Wochen oder Monate später genießen sie dann die Früchte ihrer Hände Arbeit. Der Lohn ist mehr als nur ein gutes Gefühl, er ist Selbstbestätigung und Zufriedenheit. Nimmt man die Marktpreise als Maßstab und nicht die Qualität, lohnt sich das schweißtreibende Freizeitvergnügen auf den ersten Blick nicht wirklich.

Wer mit Obst und Gemüse aus dem eigenen Garten aufgewachsen ist, als Kind ungeduldig gewartet hat, bis sich die ersten Erdbeeren endlich rot färbten, wer die ersten 'Klaräpfel' grasgrün verspeiste, den ungeliebten Stinke-Sellerie bei der Gießtour durchs Gemüsebeet regelmäßig »vergaß«, wird sich immer an diese Erlebnisse, an Geschmack, Gerüche, Farben, an Sommer und glückliche Zeiten erinnern.

Da steckt mehr Geschmack drin

Gemüse und Obst selbst anzubauen, sich damit aus dem Garten zu versorgen, ist für diese Menschen Teil ihres Lebens und kein Modetrend, den man über kurz oder lang gegen einen neuen eintauscht.

Heute wachsen viele Kinder mit Fertiggerichten, mit Geschmacksverstärkern, Farbstoffen, Konservierungsmitteln und künstlichen Aromen auf. Besonders beliebt ist zurzeit, alles und jedes mit einer Vanillenote zu aromatisieren. Diese »Vanille-Kinder« nehmen ihre Vorlieben mit ins Erwachsenenalter. Denn Geschmack wird anerzogen. In der frühen Kindheit geschieht

Wer schon als Kind am liebsten in frisch gepflückte Äpfel gebissen hat, wird dieses Erlebnis auch im Erwachsenenalter nicht gegen den Geschmack von Supermarktware eintauschen wollen.

dies spielend und nebenbei. Später lassen sich unsere Geschmacksknospen und vor allem unser Gehirn nur mit eisernem Willen eines Besseren belehren. Hartnäckig am Ball zu bleiben lohnt, denn guter Geschmack ist erlernbar und der Biogarten die ideale Schule.

Der Boden isst mit

Egal, ob man auf fruchtbarer Lösserde, kargem Sand oder gar auf schwerem Lehm gärtnert – den Boden können Gärtner sich nicht aussuchen, aber den Dünger. Dieser besteht im Biogarten nicht aus einzelnen Nährstoffen, sondern aus organischem

Material. Erst wenn Mikroorganismen diese tierischen oder pflanzlichen Abfälle nach und nach in ihre Einzelteile zerlegen, liegen die Nährstoffe so vor, dass die Wurzeln sie packen und aufsaugen können. Im Gegensatz zu mineralischen Düngern versorgen die der Marke Bio die Pflanzen mit allen benötigten Stoffen, nicht nur mit Stickstoff, Kalium, Phosphat und Magnesium. Organisch gedüngtes, langsam im Garten gewachsenes Gemüse schmeckt nicht so beliebig fade und wässrig wie mit Blaukorn im Glashaus gezogenes.

Bio-Dünger wie Kompost, Beinwell-, Brennnessel- und andere Pflanzen-Jauchen stehen bei Biogärtnern hoch im Kurs. Sie liefern nicht nur eine breite Palette an Nährstoffen, sondern auch Humusnachschub. Diese dunklen Erdkrümel lockern den Boden, und dienen als Wasser- und Nährstoffspeicher. Kompost und Co. sorgen ebenso wie eine grüne Mulchdecke außerdem für ein aktives Bodenleben. Je vielfältiger und vitaler die Mikroorganismen sind, desto leichter gelingt es, Krankheitserreger in Schach zu halten, die über die Wurzeln die Pflanzen infizieren. Nur wenn der Gärtner vehement dagegen arbeitet und auf dem selben Beet immer wieder Pflanzen einer Art oder Familie anbaut, nehmen im Boden lebenden Pilzkrankheiten und weitere Erreger überhand.

Auch den Pflanzen selbst tut das Multitalent Kompost gut, er stärkt ihre Widerstandskraft. Da im Biogarten keine Art großflächig angebaut wird, ist der Krankheits- und Schädlingsdruck zudem deutlich geringer als bei Monokulturen.

Nachbarschaftshilfe

Eine vielfältige Mischung aus verschiedenen Salaten und Gemüsen, die für ein Duftwirrwarr auf dem Beet sorgt, erschwert es Schädlingen, ihre Wirtspflanze zu finden. Welche Partner gut zueinander passen, basiert auf den Erfahrungen Generationen von Gärtnern. Dieses überlieferte Wissen wird mittlerweile bestätigt. Weltweit forschen Wissenschaftler auf dem Gebiet und fassen das, was zwischen den Pflanzen

Kein Biogarten ohne Kompost: Die feinkrümelige Erde versorgt Boden und Pflanzen mit genau den Nährstoffen, die sie für gesundes Gedeihen benötigen.

stattfindet, unter dem Begriff Allelopathie zusammen. Inzwischen steht fest, dass Pflanzen ununterbrochen miteinander reden, und zwar über Düfte. Sie schicken Stoffe in die Luft oder geben sie über ihre Wurzeln in den Boden ab, die anderen Pflanzen oder auch Tieren eine klare Botschaft senden, wie »Hilfe, Raupen knabbern mich an! Ist irgendwo eine Schlupfwespe, die sie mir vom Leib hält?« Oder: »Platz gemacht, hier bin ich.« Je besser es gelingt, diese Plaudereien zu entschlüsseln, desto mehr werden die Ergebnisse den Anbau von Pflanzen beeinflussen – und zwar nicht nur im Biogarten.

Je bunter das Leben, desto besser

Beim Gärtnern geht es vor allem darum, wie mache ich was. Biogärtnern genügt es jedoch nicht, nur über die Arbeitstechnik Bescheid zu wissen. Ihnen ist das Warum ebenfalls wichtig. Krankheiten und Schädlingen beugen sie lieber vor, als später das Malheur zu beseitigen. Alte und neue widerstandsfähige Sorten erleichtern diese Strategie. Doch auch ein paar Blattläuse bereiten keine schlaflosen Nächte. Wenn die Witterung mitspielt, kümmern sich innerhalb kurzer Zeit Marienkäfer, Schlupfwespen, Florfliegen, Gallmücken und viele andere Blattlausfresser darum.
Ein vielfältig angelegter Garten trägt dazu bei, dass Insekten und andere Tiere ausreichend Nahrung, Schutz und eine geeignete Kinderstube finden. Im Idealfall spielt sich dort ein dynamisches Gleichgewicht ein zwischen Pflanzen- und Fleischfressern. Kamille, Ringelblumen oder Tagetes, die auf dem Gemüsebeet wachsen, sehen nicht nur hübsch aus, sondern locken auch zahlreiche Insekten an. Von einer im locke-

ren Abstand gepflanzten Wildobsthecke profitieren Mensch und Tier. Reisig- oder Steinhaufen in einer ruhigen Gartenecke abgelegt, bieten Schutz und Winterquartier für Igel, Eidechsen und andere Lebewesen. Es sind keine Monumentalbauten erforderlich: Ein kleiner Sandhaufen an einer sonnigen Ecke genügt, ein paar Reihen Steine zu einer Trockenmauer aufgeschichtet oder ein zusammengebundenes Bündel Weidenzweige senkrecht an den Gartenzaun gelehnt. Vielleicht lassen sich nicht die Tiere dort blicken, die der Gärtner erwartet. Aber in der Natur bleibt nichts ungenutzt. Wer dort hin und wieder nach dem Rechten schaut, wird bald zahlreiche Untermieter beobachten können. Biogärtner retten mit ihrem Tun nicht die Umwelt und auch keine Pflanzen- oder Tierart vor dem Aussterben. Doch das Verständnis für natürliche Zusammenhänge wächst, man lernt Verstehen, wann man gewähren lässt und wann man besser eingreift, um die Ernte zu schützen.

Sich selbst Gutes tun

Und der Erfolg gibt ihnen recht. Immer mehr Menschen biogärtnern, auch wenn der Ertrag etwas geringer ausfällt. Denn größere Salate oder Kohlköpfe sind nicht unbedingt gesünder. Bio-Gemüse, -Salate und -Kräuter enthalten mehr Trockenmasse, also weniger Wasser, und besonders hohe Gehalte an gesundheitlich wertvollen Stoffen wie Biophenolen (u.a. Anthocyane, Gerbstoffe), Carotinoiden oder Senfölen. An Frische und Geschmack lässt das Erntegut aus dem eigenen Garten nichts zu wünschen übrig, zudem ist es frei von Pestiziden! Und es gibt Sicherheit, sich mit Obst, Gemüse und Kräutern selbst zu versorgen.

Gärtnern wirkt beruhigend, entspannend und ausgleichend. Wer loslässt, mit der Natur und nicht gegen sie gärtnert, wird belohnt. Gelassen und geduldig zu sein, sind Eigenschaften, die man auch im Alltagsleben gut gebrauchen kann.
In ihrem Buch-Klassiker *BioGarten* fasst die Autorin und ehemalige kraut&rüben-Herausgeberin Marie-Luise Kreuter es so zusammen: *Der Garten ist ein letzter irdischer Abglanz vom verlorenen Paradies. Er umschließt eine kleine friedliche Welt von bunten Blumen und duftenden Kräutern, von Gemüsebeeten und Obststräuchern. Hier verwirklicht der Mensch seine Träume vom Leben mit der Natur.«*

Bienen und Hummeln fliegen auf Kamillenblüten und andere Blumen, deren Nektar frei zugänglich ist.

Im Gemüsegarten

Ob Salate, Möhren, Erbsen, Kohl, Tomaten oder Kräuter – sie alle schmecken am besten, wenn man sie frisch aus eigenen Beeten erntet. Mit den richtigen Biogarten-Tricks gelingt der Anbau von knackigem Gemüse von Anfang an.

Südländer selbst aussäen

Ab März nehmen die Aussaaten von Tomaten, Paprika, Auberginen und Co. ihren Platz auf der Fensterbank ein. So bleibt ihnen genügend Zeit zum Ausreifen.

Ist die Erde in der Aussaatkiste etwas glatt gedrückt, finden Samen und Wurzeln darin besser Halt.

Bis aus den Samen von Südländern, wie Paprika, Gurken, Tomaten, Auberginen, Artischocken, Knollensellerie oder Andenbeeren, erntereifes Gemüse heranwächst, brauchen die Pflanzen viel Wärme, Licht und mehrere Monate lang Zeit.

Der Trick besteht darin, die kurze Saison in unseren Breiten bestmöglich zu nutzen – und dem Gemüse-Nachwuchs von Anfang an ein angenehmes Leben zu bereiten. Dabei hilft es, die Wünsche einzelner Kandidaten zu kennen. Bei welcher Temperatur keimt die Tomatensaat am schnellsten, wie tief unter der Erde wollen Gurkensamen liegen, und wie geht das Leben der Sämlinge erfolgreich weiter?

Der beste Aussaattermin für die besonders wärme- und lichthungrigen Gemüsearten ist ab Anfang März. Vorher ist es noch zu dunkel, danach wird die Zeit knapp. Schließlich soll die Sommersonne das Gemüse mit Aroma füllen.

Natürlich keimen die Samen – so wie die von Salaten oder Kohlrabi – auch schon im Februar. Aber solange die Tage noch kurz sind und es an Licht mangelt, wachsen die Pflanzen nur zögerlich. Diesen Mini-Vorsprung holen Märzsaaten spielend auf und wachsen zudem meist kräftiger und gesünder heran als Südländer, die zu früh in die Saison starten.

Gefäße vorbereiten

Damit kein Krankheitserreger den Sämlingen zusetzt, sät man besser nur in gut gereinigte oder neue Gefäße. In der Regel genügt kräftiges Schrubben mit heißem Essigwasser, das vor dem Säen wieder gründlich abgespült wird.

Kisten und Töpfe füllt man bis zum Rand mit lockerer Aussaaterde und drückt sie mit einem Brett oder der Hand gerade so fest an, dass ein 1–2 cm hoher Rand bleibt. Das ergibt eine glatte Saat-Fläche und guten Bodenschluss, in dem Samen und Wurzeln später Halt finden. Außerdem schwemmen beim Gießen weder Erde noch Samen aus dem Gefäß.

Multitopfplatten befüllt man am einfachsten in einem Rutsch, streift überschüssige Erde mit einer Holzlatte ab und stellt die Platten in eine wasserdichte Kiste.

Wurzeln auf Diät

Beste Aussaaterde sichert einen guten Start ins Gemüseleben.

- Sie ist **feinkrümelig** und sehr **locker**. Zarte Wurzeln stoßen darin auf keinen Widerstand. Sie schlängeln sich problemlos durch sie hindurch und können sich leicht verzweigen.
- Sie enthält **kaum Nährstoffe**, damit sich die jungen Pflänzchen an den Düngesalzen nicht die Wurzeln verbrennen und nicht überfüttert werden. Dann nämlich würden sie weich und wackelig in die Höhe schießen, aber keine Zeit darauf verschwenden, einen kräftigen Wurzelballen zu bilden.

Biogärtner verwenden **torffreie Erden**. Weil die Mikroorganismen in Bioerden aber ständig Nährsalze freisetzen und diese sich anreichern (vor allem wenn die Erde länger aufbewahrt wird), greift der eine oder andere ausnahmsweise zu torfhaltiger Aussaaterde.

Sinnvoll planen und beschriften

Wer vor dem Saattermin zumindest grob die benötigte Samenmenge kalkuliert, spart später Zeit und vor allem Platz. Das ist gerade dann wichtig, wenn geeignete Fensterplätze rar sind. Unter guten Bedingungen und bei hochwertigem Saatgut liegt die Keimrate meist über 80 %, bei Tomaten sogar über 90 %. Welche Qualität Samen haben, hängt maßgeblich von ihrem Alter ab, denn ihre Keimfähigkeit lässt mit den Jahren nach. Aber nicht immer: Gurkensamen keimen am besten, wenn sie zuvor 2–3 Jahre trocken lagerten.

Ist man nicht mehr sicher, wie alt welche Samen sind, hilft ein Keimtest vorab mit je 10 Samen auf feuchtem Filterpapier – natürlich nur, wenn man diese Samen entbehren kann.

Auf jeden Fall lohnt es sich zu überlegen, wie viele Pflanzen man tatsächlich von jeder einzelnen Art oder Sorte braucht. Lieber wenige Pflanzen gut umsorgen als viele vernachlässigen.

Clever säen

Große Samen, wie die von **Artischocken** oder **Gurken**, lassen sich einzeln in Töpfchen säen. So erübrigt sich später das mühsame Verpflanzen.

Wer auf der Fensterbank Platz sparen will, drückt bis zu drei Samen in einen 10–12 cm breiten Topf. Auch die kleineren **Auberginen-, Paprika-, Chili-** und **Andenbeerensamen** teilen sich anfangs gerne zu zweit oder dritt einen Topf oder zu mehreren eine Kistenreihe. Schließlich weiß man nie so genau, wie viele aufgehen. **Tomatensamen** keimen dagegen willig. Bei ihnen lohnen sich Einzeltöpfe. Die Samen vom **Knollensellerie** sind sehr fein. Man sät sie am einfachsten in eine Aussaatkiste breitwürfig oder in Reihen. Weil Sellerie zu den Lichtkeimern zählt, bleiben die Samen unbedeckt oder werden – zum Schutz vor dem Austrocknen – mit einer hauchdünnen Schicht Sand übersiebt. Die anderen Arten bedeckt man mit Erde. Knollensellerie wächst gesünder, wenn seine Samen vor der Aussaat für 20 Minuten in 50 °C heißem Wasser lagen. Artischockensamen keimen besser nach einem lauwarmen Wasserbad (4–6 Stunden).

13 Tomatensorten und 7 verschiedene Paprika, 4 Chilisorten und 3 Auberginensorten: Wenn Gärtner von ihren Aussaaten berichten, wird schnell klar, ganz ohne Büroarbeit geht's nicht. Wer den Überblick behalten will, muss Saatreihen und Töpfe mit Etiketten versehen. Falls kleine Kinder oder Haustiere Zugriff auf die Schilder haben, empfiehlt es sich sogar, Töpfe und Kisten direkt mit einem wasserfesten Stift zu beschriften. Notieren sollte man auf jeden Fall **Art und Sorte**, eventuell Hinweise auf **Form und Farbe** (Cocktailtomate, gelb) und das **Aussaat-Datum**: Wenn sich im Sellerietopf nichts tut, steht er vielleicht erst seit 10 Tagen und braucht noch Zeit.

Ein guter Platz zum Wachsen

Den richtigen Ort für alle Kisten und Töpfe zu finden, das ist manchmal gar nicht so einfach. Der beste Platz liegt zwar nicht an der Sonne, aber doch unbedingt im Hellen. Jedenfalls ab dem Moment, in dem die ersten grünen Spitzen zu sehen sind. Vorher dürfen die Gefäße dunkel stehen (außer Lichtkeimer wie der Knollensellerie). Dort trocknet die Erde weniger schnell aus.

■ Je heller, desto besser lautet die wichtigste Regel für Sämlinge. Deshalb stehen sie alle möglichst am Fenster in der ersten Reihe. Sobald es den Blättchen nämlich an Licht mangelt, recken sich die Stängel in die Höhe, um der Helligkeit entgegenzuwachsen. Dieses Längenwachstum geht allerdings zu Lasten der Stabilität und Gesundheit.

■ Weil das Licht auf dem Fensterbrett nur von einer Seite kommt, drehen manche Gärtner ihre Gefäße täglich um 180°. So bleiben die Stängel gerade.

Samen, die schon gequollen sind, müssen gleichmäßig feucht bleiben.

■ Pralle Sonne vertragen die Pflänzchen nur für kurze Zeit. Vor allem weil sich die Luft unter den Abdeckhauben bei direkter Strahlung rasch auf 50 °C und mehr aufheizt. Die Blätter verdunsten viel Wasser und können sogar verbrennen. Deshalb eignen sich Ost- und Westfenster besser als die Südfront. Dort beschattet man die Gefäße an sonnigen Frühlingstagen über die Mittagszeit mit einem hellen, dünnen Tuch.

■ Auf Fensterbänken aus Stein bekommt der Gemüse-Nachwuchs rasch kalte Füße. Untergelegte Korkplatten oder Holzbretter isolieren gut und sorgen für warme Wurzeln.

■ Eine völlig sorgenfreie Samengärtnerei können alle betreiben, die einen warmen Wintergarten oder ein beheizbares Gewächshaus/Frühbeet besitzen.

Feuchter Boden, feuchte Luft

Die Erde rund um die Saat muss stets gleichmäßig feucht bleiben. Ein Samen, der einmal gequollen ist und dann austrocknet, bleibt auf der Strecke. Schwimmer möchten Samen aber auch nicht. Dann verlieren sie den Kontakt zur Erde – abgesehen davon, dass die Körner in überschwemmten Gefäßen davontreiben. Deshalb befeuchten Gärtner die Saat entweder mit einer Sprühflasche oder gießen sie behutsam mit einer feinen Brause mit lauwarmem Wasser. Damit der erste Wasserschwall beim Kippen der Kanne nicht die Samen trifft, setzen Profis schon neben der Aussaatschale zum Gießen an. Bevor ein dichtes Wurzelnetz den Wassernachschub sichert, sollten die Sämlinge

Ein Pikierstab hilft beim Vereinzeln: Mit ihm lassen sich die Sämlinge behutsam aus den Gefäßen heben.

nicht viel verdunsten. Kunststoffhauben, Gläser oder durchsichtige Folie sorgen für hohe Luftfeuchtigkeit. Wer täglich für ein paar Minuten lüftet, muss keinen Schimmel fürchten. Spätestens wenn die Pflänzchen an ihr Dach stoßen, kommt die Haube weg.

Warm starten, kühler durchstarten

Damit die Keimung in Schwung kommt, benötigen die Samen von Gurke, Paprika oder Tomate ein warmes Saatbett. Temperaturen von 20–25 °C helfen ihnen dabei, ihren Stoffwechsel hochzufahren, um Wurzeln, Stängel und Blätter zu entfalten. Wird es zu heiß, kann das die Keimung allerdings hemmen. So verhindert die Natur, dass sich keimende Pflanzen bei sengender Hitze an die Luft wagen. Sobald die Sämlinge zu sehen sind, drosseln Gärtner die Temperatur besser um ein paar Grad. Andernfalls sprießen die Pflänzchen bei Wohlfühl-Wärme (aber wenig

Licht) munter weiter – zu schnell und ohne für Stabilität und Widerstandskraft zu sorgen. Vor allem Tomaten, Auberginen und Artischocken müssen gebremst werden, wenn sie nicht zu wackeligen, hellgrünen Weichlingen heranwachsen sollen. Später, im Gewächshaus oder ab Mitte Mai draußen im Garten, darf es bei den Südländern dann gerne wieder warm weitergehen. Lufttemperaturen zwischen 25–30 °C und ein Boden mit etwa 18 °C spornen sie zu Höchstleistungen an.
Sobald der Gemüse-Nachwuchs nach den Keimblättern seine ersten zwei echten Blätter aufgefaltet hat, ist er bereit für den Umzug in einen eigenen, größeren Topf. Spätestens wenn die Pflänzchen um Platz und Licht streiten, müssen sie in ein neues Zuhause. Andernfalls werden sie ebenfalls zu gakeligen Zimperlieschen, die keinem Unbill standhalten. Je zeitiger der Umzug stattfindet, desto schneller erholen sich die Pflanzen von den Strapazen und desto besser gedeihen sie.

Wie warm? Wie lange? Wie tief?

Gemüse	Optimale Keimtemperatur	Minimale Keimtemperatur	Optimale Anzuchttemperatur	Keimdauer	Optimale Aussaatzeit	Optimale Aussaattiefe	Keimfähigkeit der Samen
Artischocke	18–25 °C	16 °C	13–18 °C	15–25 Tage	Mitte Februar bis Mitte März	5 cm	4–5 Jahre
Aubergine	20–25 °C	18 °C	18 °C	10–20 Tage	Ende Februar bis Ende März	0,5 cm	4–5 Jahre
Knollen-Sellerie	20–28 °C	17 °C	18–20 °C	18–30 Tage	Anfang März bis Ende März	Lichtkeimer	3–4 Jahre
Salatgurken	22–28 °C	16 °C	20 °C	6–15 Tage	Mitte Februar bis Mitte April	1–2 cm	4–6 Jahre
Paprika/Chili	20–25 °C	18 °C	18–22 °C	10–25 Tage	Mitte Februar bis Mitte März	0,5 cm	3–4 Jahre
Tomaten	20–25 °C	18 °C	18–20 °C	8–20 Tage	Mitte Februar bis Mitte März	0,5 cm	3–4 Jahre
Andenbeeren	20–25 °C	16 °C	18–20 °C	8–20 Tage	Ende Februar bis Mitte März	0,5 cm	2–3 Jahre

Von Babynahrung werden die Gemüse-kinder nun nicht mehr satt. In die neuen Gefäße kommt deshalb keine Aussaaterde, sondern torffreie Gärtnererde. Da diese ausreichend Dünger enthält, brauchen sie vorerst keinen zusätzlichen.

Sämlinge, die in Einzeltöpfchen wuchsen, ziehen samt Ballen in einen größeren Topf um, der 8–10 cm breit sein sollte. Pflänz-chen aus Aussaatkisten müssen behutsam vereinzelt (pikiert) werden. Dabei hilft ein dünner Stab, mit dem man die zarten Wurzeln aus der Erde hebt und im neuen Gefäß in ein vorgebohrtes Loch in der Erde

gleiten lässt – ohne dass dabei die Wurzeln abknicken oder sich ringeln. Nun noch die Erde um den Stängel leicht andrücken, gießen, fertig.

Je mehr Wurzeln, desto besser

■ **Gurken** verkraften einen Topfwechsel und den Umzug aufs Beet nur, wenn sie einen kräftigen Ballen gebildet haben, der beim Umpflanzen nicht auseinan-derfällt. Das gelingt gut in Quelltöpfen und Multitopfplatten oder mit diesem

Gärtnertrick: Samen schon zu Beginn in große Töpfe (8–10 cm Durchmesser) säen, diese aber nur zur Hälfte mit Aussaaterde füllen. Sobald die Sämlinge den Rand knapp überragen, den Topf mit normaler Gärtnererde auffüllen. Auf diese Weise wachsen am frisch Stän-gel neue Wurzeln.

■ Auch **Tomaten** und **Paprika** pflanzt man bei jedem Umsetzen ein Stückchen tiefer, damit neue Wurzeln sprießen. Das sichert ihnen die Nährstoff- und Wasser-versorgung für eine lange Saison, in der sie viele Früchte reifen lassen

Hell, aber keine pralle Sonne: So sieht der Standort aus, an dem Sämlinge zu kräftigen Pflanzen heranwachsen.

Große Ernte auf kleinen Beeten

Mit idealem Pflanzabstand, geschickter Mischkultur und einer klugen Fruchtfolge können Biogärtner sich selbst auf wenig Raum rund ums Jahr mit frischem Gemüse versorgen.

Der Garten ist oft klein, aber die Lust auf selbst gezogenes Gemüse groß. Man will noch diese Sorte unterbringen und jene ausprobieren. Also rückt man halt alles ein wenig enger zusammen, macht ja nichts, oder? Doch wie so oft entscheidet das richtige Maß über den Erfolg. Stehen die Pflanzen zu eng, bedrängen sie sich mit der Zeit und strecken den »Hals« dem Licht entgegen. Regenwassser hält sich in dem dichten Blätterdschungel besonders lange, was Krankheitserregern wie Graufäule oder Blattpilzen beste Bedingungen bietet. Weil die Pflanzen in dieser Enge nicht zu ihrer vollen Größe heranwachsen, fällt auch der Ertrag geringer aus. Denn die Wurzeln konkurrieren um Wasser und Nährstoffe, die Blätter um Sonnenlicht und luftigen Stand. Anfängern passiert es häufig, dass sie den Ausbreitungsdrang der Setzlinge unterschätzen. Auf der sicheren Seite ist, wer es auf die altmodische Art angeht und mit einem Pflanzholz arbeitet. Das kann ein 40–50 cm langer Stock, ein Bambusstab oder eine Latte sein, auf die man alle 10 cm eine Kerbe setzt.

Die 30 cm für die Endivie lassen sich dort genauso ablesen wie die 40 cm für den Brokkoli, wobei es auf einen Zentimeter mehr oder weniger nicht ankommt. Auch alte, eingekürzte Meterstäbe eignen sich prima als Abstandsmesser.

Wer eine Zeit lang mit dem Pflanzholz arbeitet, bekommt bald ein Gefühl für den richtigen Abstand. Hat man zu viele Pflänzchen vorgezogen, verschenkt man besser einige, als alle enger zu setzen. Überzählige Tomaten sind im Topf auf der warmen Terrasse gut aufgehoben, wo sie früh reifen. Übrige Salate pflanzen manche Gärtner dicht zusammen und ernten sie fingerhoch als Schnittsalat. Die ersten Sätze im Frühjahr rückt man enger zusammen als jene im Sommer. Auf fruchtbaren Lössböden darf der Abstand größer sein als auf Sandböden. Wer trotzdem zu dicht gepflanzt hat, holt nach und nach jedes zweite halbwüchsige Gemüse aus der Reihe in die Küche. Die verbliebenen Kohlrabi oder Salate wachsen dann bald zu voller Größe heran. Zu dicht stehende Mini-Karotten zieht man samt Wurzeln heraus, wäscht sie gründlich und verwendet sie im gemischtem Salat.

Keinen Meterstab zur Hand? Ein Maßband zu umständlich? Dann zeigt auch ein Hölzchen in passender Länge die richtigen Pflanzabstände an.

So viel Platz braucht das Gemüse auf dem Beet

Gemüseart	Abstand in der Reihe in cm	Abstand zwischen den Reihen in cm
Bleichsellerie, Stangensellerie	30–40	40
Blumenkohl, Brokkoli	40–50	50
Buschbohnen	8–12	40–50
Endivie	30	30
Erbsen bei Doppelreihen	6–10	30–40 80
Grünkohl, Palmkohl	50	50–60
Herbstrübe, Rübstiel	10	10–20
Karotten, Möhren	5	25–35
Kartoffeln	30–35	50–70
Knoblauch	10–15	25–30
Knollenfenchel	20–30	30–40
Knollensellerie	40–50	40–50
Kohlrabi	25	30
Kopfsalat	25–30	30
Kraut (Weiß-, Blau-), Wirsing	50–60	50–60
Lauch, Porree	15–20	30–40
Mairübe, Navette	20	25
Mangold	30	30–40
Pastinake	20–30	30–50
Pflücksalat, Eichblatt	30	30
Radieschen	5	10–15
Rettich	10–15	20–30
Rosenkohl	50	50–60
Rote Bete	10–12	25–30
Spinat	3	20–35
Tomaten	50–70	80–100
Zwiebel	15–20	25–30
Zucchini	80–100	100
Zuckermais	25–30	50–60

Mischkultur trifft Fruchtfolge

Selbst wenn nur für einen kleinen Gemüsegarten Platz ist – ein paar Beete lohnen sich immer. Von den auf den folgenden Seiten dargestellten drei 1,2 m breiten und 3 m langen Flächen können Gärtner fast das ganze Jahr lang erstaunliche Mengen ernten. Dieser Plan kombiniert die Mischkultur mit der Dreifelderwirtschaft: Ein Beet wird kräftig gedüngt und im ersten Jahr dürfen sich überwiegend starkzehrende Gemüse, die viel Dünger brauchen, ausbreiten.

Im zweiten Jahr finden die Mittelzehrer mit mäßigen Appetit noch genügend Nährstoffe vor. Die Schwachzehrer kommen im dritten Jahr mit einem ungedüngten Beet zurecht. So sind alle Salate und Gemüse gut ernährt und der eingesetzte Dünger wird optimal ausgenutzt. Wer drei Beete anlegt, kann jedes Jahr die ganze Palette von Gemüsen und Salaten genießen.

Starkzehrer

Frühling

Gemüse, die viel Dünger brauchen, sind auf diesem Beet konzentriert. Man verteilt insgesamt 10–15 l reifen Kompost pro m². Zusätzlich streut man Anfang April 100 g pro m² Hornmehl und im Mai weitere 50 g pro m² aus. Das Beet wird aber nicht als Ganzes, sondern Stück für Stück nach dem Abernten der Wintersalate gedüngt. Im Frühjahr schneidet man zügig Feldsalat ①, Spinat ② und Kerbel ③, und zwar zuerst dort, wo später Brokkoli und Schnittsalat gepflanzt werden. Blätter von Petersilie ④ werden gepflückt, bis Blütenstängel erscheinen. Dann kommt die Pflanze auf den Kompost.

Schnittsalat ⑤ wird Anfang April in einer Reihe ausgestreut, sodass etwa alle 1 cm ein Körnchen liegt. Leichter geht es mit einem Saatband. Dieser Beetplatz wird ausnahmsweise erst im Frühsommer gedüngt, wenn der Schnittsalat, der nicht viel Nahrung braucht, geerntet ist. Bis Ende April werden drei Brokkoli-Jungpflanzen ⑥ im 50-cm-Abstand gesetzt. Ende April/Anfang Mai wird es Zeit, die drei Kartoffeln ⑦ mit 40–50 cm Platz rund herum zu legen. Am besten wählt man hier eine frühe Sorte, die das Beet rechtzeitig wieder räumt.

Sommer

Zwei Reihen vorgezogener Lauch ⑧ werden (15 cm Abstand in der Reihe) ab Mai gesetzt. Lauch pflanzt man tief, damit er lange weiße Schäfte bildet. Ab Mitte Mai, in kalten Lagen ab 20. Mai dürfen die kältempfindlichen Gemüse ins Freie. Drei Stangensellerie ⑨, vier Basilikum ⑩, drei Tomaten ⑪ und zwei Zucchini ⑫ passen jeweils in eine Reihe. In kalten Nächten werden Eimer, Tontöpfe oder Cloches (Glocken aus Glas) über die Pflanzen gestülpt. Den Schnittsalat erntet man, sobald seine Blätter handhoch gewachsen sind. Auch Zucchini werden jung gepflückt. Vom Sellerie bricht man regelmäßig die äußeren Stängel aus und schneidet die Hauptknospe vom Brokkoli mit 2 Blättern ab. Aus den Blattachseln darunter treiben bis zum Frost immer neue Sprossen.

Herbst

Die Frühkartoffeln werden geerntet und durch vorgezogenen Wirsing ⑬ ersetzt. Er landet im Spätherbst in der Küche. Die anderen Gemüse liefern Vitamine, solange es das Wetter zulässt.

Frühling Spinat, Feldsalat, Kerbel und Petersilie müssen geerntet werden, Schnittsalat und Brokkoli kommen neu hinzu.

Sommer Lauch, Sellerie, Kartoffeln, Zucchini, Tomaten, Basilikum und Brokkoli wachsen kräftig; der Schnittsalat ist reif.

Herbst Die Kartoffeln wurden ausgegraben und durch Wirsing ersetzt; von allen anderen Gemüsen erntet man nach Bedarf.

Kleiner Imbiss für den Hunger zwischendurch

Wachsen Brokkoli, Tomaten, Sellerie & Co. nicht ordentlich und vergilben die älteren Blätter, brauchen die Pflanzen wahrscheinlich etwas mehr Stickstoff. Den liefern Gärtner, wenn sie mit verdünnter Brennnesseljauche gießen und etwas fein gemahlenes Hornmehl rund um die Pflanzen einharken. Die Jauche wirkt sofort, das Mehl lässt seine Nährstoffe nach und nach in den Boden fließen. Wer keine Jauche ansetzen mag, kann die Bedürftigen auch mit Vinasse oder einem vinassehaltigen Flüssigdünger (z. B. Biotrissol von Neudorff) besprühen und gießen. Vinasse ist ein Überrest aus der Zuckerherstellung und enthält Stickstoff in Form von rasch verfügbaren Eiweißen sowie Kali.

Mittelzehrer

Möhren, Zwiebeln, Kohlrabi, Rote Bete und Mangold bekommen den Platz zugewiesen, der im Vorjahr von den Vielfraßen belegt war. Die Mittelzehrer wachsen mit maßvoller Nährstoffversorgung am besten und liefern dann wohlschmeckende Blätter, Wurzeln und Früchte. In zu nährstoffreicher Erde werden sie leicht von Schädlingen und Krankheiten befallen.

Frühling

Auf sandigen und mageren Böden verhilft man den Mittelzehrern mit 100 g Hornmehl pro m² zu gesundem Wachstum. Der fein gemahlene Horndünger wird nur leicht in die Erde eingearbeitet.
Ab April können vorgezogene Salate ① und Kohlrabi ② gepflanzt werden. Wer Batavia- oder Eissalate wählt, erntet große Köpfe, die im Sommer weniger schnell schossen als Kopfsalat.
Ab Anfang April werden Möhren ③ und Steckzwiebeln ④ mit 30 cm Reihen-Abstand ausgesät. Mit 6–8 cm Platz in der Reihe bekommen die Zwiebeln eine mittlere Größe, die sich gut in der Küche einsetzen lässt. Von Juli bis Winter erntet, wer 2 Reihen Früh- und 1 Reihe Spätmöhren anlegt.
Ab Mitte April wird es Zeit, 3 Reihen Rote Bete ⑤ auszusäen. Sorten wie 'Forono' mit schmal-zylindrischen Rüben können dichter gesät werden als runde Typen. Die Reihen stehen mit 20 cm Abstand absichtlich enger als auf der Samenpackung angegeben.
Wird man bereits Anfang April mit Aussaaten und Pflanzung aktiv, deckt man das Beet besser mit Gemüsevlies ab. Denn Kohlrabi und Salate neigen zum vorzeitigen Blühen, wenn es während ihrer Jugend

mehrere Tage lang sehr kalt war. Und Möhren keimen unter einer wärmenden Decke deutlich flotter.
Anfang Mai wird Mangold ⑥ ausgesät. Die Körner kommen mit etwa 5 cm Abstand in die Erde. Blattmangold ist besonders robust, aber wer auf große Stiele Wert legt, wählt Stielmangold.

Sommer

Jetzt ist es wichtig, Möhren- und Rote-Bete-Keimlinge auszudünnen: Möhren brauchen 3–5 cm Platz zu ihren Nachbarn, Rote Bete 5–8 cm, damit sie ordentliche Rüben oder Knollen bilden. Die mittlere Rote-Beete-Reihe wird nicht ausgedünnt, denn die Pflänzchen dienen bereits als Babyleaf-Salat oder Spinatersatz, wenn sie handhoch sind. Nach und nach wandern Salate und Kohlrabi in die Küche. Damit nicht alles auf einmal gegessen werden muss, bietet es sich an, die ersten Knollen und Köpfe jung zu ernten. Dort wo ein Salat abgeschnitten wird, pflanzt man vorgezogenen Kohlrabi nach und auf den Kohlrabi-Plätzen rücken Salate nach.
Zu dicht stehende Mangoldpflänzchen werden aus dem Boden gezogen, sodass 3–4 Pflanzen in der Reihe bleiben, die bis zum Frost immer wieder knackige Blattstiele und Blätter liefern.
Frühmöhren und Rote Bete werden im Laufe des Sommers geerntet.

Herbst

Chinakohl ⑦ nimmt den Platz der Frühmöhren ein, drei Pflanzen pro Reihe sind genug. Spätmöhren und Mangold können bis zum Frost geerntet werden. Auf freien Beetplätzen sät man ab Anfang August Feldsalat ⑧ aus. Er kann im Herbst oder im kommenden Frühjahr nach und nach verzehrt werden.

Frühling Rote Bete, Kohlrabi, Batavia- oder Eissalat, Möhren und Zwiebeln wachsen im April bereits kräftig.

Sommer Die ersten Rote Bete, Salate und Kohlrabi sind schon geerntet; der Mangold ist ein Neuzugang.

Herbst Der Mangold wächst immer noch prächtig, Chinakohl ersetzt die Frühmöhren und Feldsalat die Rote Bete.

Im Schutz von Zäunen und Netzen

Wer einen kleinen Gemüsegarten hat, mag die wenigen Salate, Möhren und Brokkoli nicht unbedingt mit Schnecken, Läusen und Raupen teilen. Die beste Abwehr besteht darin, die unerwünschten Mitesser gar nicht erst ins Gemüseparadies hineinzulassen. Ein Schneckenzaun aus umgebogenen Blechen kann die Beete als Ganzes umgürten. Der Zaun bleibt das ganze Jahr über stehen. Im Sommer passt man auf, dass sich keine Blätter über die Bleche legen und Brücken für die Tiere bilden. Kulturschutznetze halten Gemüsefliegen, Schmetterlinge und Blattkäfer fern. Feine Gewebe mit einer Maschenweite von 0,8 mm verwehren auch Blattläusen, Weißer Fliege und Kirschessigfliegen den Zutritt ins Beet. Die Netze müssen rundherum dicht auf dem Boden liegen, man beschwert die Ränder deshalb mit Brettern, Kanthölzern oder Steinen. Nur zum Ernten und Jäten werden die Schleier kurz gelüftet. Abwehrnetze können bei sorgsamer Behandlung jahrelang eingesetzt werden.

Schwachzehrer

Das dritte Jahr nach der kräftigen Düngung gehört den Schwachzehrern, den Gemüsen und Salaten, die mit sehr wenigen Nährstoffen zurechtkommen. Dazu gehören vor allem Erbsen und Bohnen, die sich mit Stickstoff selbst versorgen können (siehe Abschnitt »Teamwork«).

Frühling

Der überwinterte Feldsalat ① wird nach und nach geschnitten und der Boden gelockert. Ist die Erde sehr mager, sollte man den zukünftigen Beetbewohnern mit 50 g Hornmehl pro m² »unter die Blätter« greifen. Alternativ kann man im Laufe der Saison ab und zu mit Brennnesseljauche gießen.

Anfang April sät man Schnittsalat ② und Zuckererbsen ③ abwechselnd in halben Reihen mit 20 cm Abstand. Spätestens wenn die Erbsen daumenhoch sind, werden Bambusstecken oder Zweige neben die Pflänzchen gesteckt, damit die Blattranken von Beginn an Halt finden.

Kerbel ④ und Rukola ⑤ werden in einer Reihe ausgesät. Je früher (ab Ende März) ihre Samen in die Erde kommen, desto mehr Blätter bilden sie.

Pflücksalat ⑥ setzt man zur Erbsenaussaat Anfang April als vorgezogene Jungpflanzen ins Beet. Dieser Salat ist anspruchslos und wächst trotz kühler Witterung flott voran. Pflückt man immer nur die äußeren Blätter, erntet man über eine sehr lange Periode. Zwischen den Salatreihen können Radieschen ⑦ – ebenfalls in Reihen – ausgesät werden, um den freien Platz bestmöglich auszunutzen.

Ende April setzt man 1–2 gekaufte Pflanzen von Petersilie ⑧ und sät Dill ⑨ auf die letzten freien Plätze.

Ab Anfang Mai drückt man alle 5 cm einen Buschbohnenkern ⑩ 1 cm tief in die Erde. Die Bohnenreihen brauchen 40 cm Abstand, um sich auszubreiten.

Ab Ende Mai werden nach und nach Radieschen und Schnittsalat geerntet. Auch Kerbel und Rukola schneidet man ab, wenn ihre Blätter noch jung und zart sind. Danach werden noch einmal Kräuter ausgesät.

Sommer

Die Zuckererbsen werden jung und zart von der Pflanze gezupft. Wer das versäumt hat, lässt die Schoten noch etwas reifen und palt die süßen runden Erbsen aus. Pflücksalat beerntet man gewöhnlich, bis die Pflanzen in die Höhe schießen. Aber im Gegensatz zu Petersilie braucht man blühende Salate nicht auf den Kompost zu werfen. Der bitterlich schmeckende, aber gesunde, knackig-fleischige Stamm lässt sich geschält wie Kohlrabi dünsten.

Herbst

Die Wurzeln von Erbsen und Bohnen dürfen im Boden bleiben, damit die stickstoffreichen Wurzelknöllchen verrotten und ihre Nährstoffe an die Erde abgeben. Spinat ⑪, Feldsalat ⑫ und Kerbel ⑬ sät man ab August, um den Speiseplan im Herbst oder im Frühjahr mit frischem Grün zu bereichern.

Teamwork

Erbsen und Bohnen brauchen nicht nur kaum Dünger, sie bereichern sogar die Erde mit Stickstoff. In den kleinen Knöllchen an ihren Wurzeln beherbergen sie Bakterien, die den Stickstoff aus der Luft aufnehmen und ihn dann ihren Wirtspflanzen zur Verfügung stellen.

Frühling Feldsalat macht Platz für Erbsen, Salate, Radieschen und frische Kräuter.

Sommer Seit Mai stehen auch Buschbohnen im Beet. Kräuter, Zuckererbsen und Salate werden regelmäßig geerntet.

Herbst Sobald der Platz frei wird, sät man Feldsalat, Spinat und Kerbel aus. Die Petersilie darf im Beet überwintern.

Gesundes Gemüse aus der Mischkultur

In guter Nachbarschaft laufen viele Arten zu Höchstform auf, während sie in schlechter Gesellschaft häufig kümmern.

Ringelblumen sind gut Freund mit allen Gemüsen. Sie brauchen viel Platz und wachsen deshalb besser am Beetrand.

Es ist nachgewiesen, dass Pflanzen miteinander reden. Der Mensch hört es nicht, aber Insekten können es riechen, denn das grüne Volk hält seine Schwätzchen mithilfe von gasförmigen Botenstoffen. Diese Phytonzide werden über Blätter, Blüten, reifende Früchte und Wurzeln ausgeschieden und empfangen. Da könnte es heißen: »Hilfe, ich habe Blattläuse, wappnet euch!«, oder: »Hier wurzele ich, mach dich vom Acker, du blöde Winde!«, oder: »Hallooo, ist da wer, ich habe reifen Pollen zu verschenken!« Manche Gewächse wie Möhren sind Einzelgänger, je mehr Abstand zum Nachbarn derselben Art, umso besser. Fremde stören die Einzelgänger dagegen nicht so sehr wie Mitglieder der eigenen Familie. Andere, etwa Zuckermais, schätzen die Nähe gleicher Pflanzen, denn ihr Pollen wird vom Wind verbreitet.

Unter Pflanzen gibt es Freundschaften und Feindschaften. Wer mit wem kann und wer nicht, hängt nicht nur davon ab, ob die Chemie stimmt, sondern auch von Boden und Klima. Auf den folgenden Seiten sind Mischkulturen aufgeführt, die langjährig und vielerorts erprobt sind.

Fünf gute Gründe, für die Mischkultur

- Flachwurzler, wie Radieschen oder Gurken, verankern sich in der obersten Bodenschicht, Tiefwurzler, wie Erbsen und Tomaten, suchen weiter unten nach Wasser und Nährstoffen. Gemeinsam auf einem Beet kommen sie sich nicht in die Quere.
- Jede Pflanzenart hat ihre Vorlieben und saugt die einzelnen Nährstoffe in unterschiedlicher Menge aus dem Boden.
- Pflanzen scheiden Stoffe aus, die manchem Nachbarn behagen, solche Partner fördern sich gegenseitig.
- Mit einer geschickten Mischkultur ist der Boden kaum der sengenden Sonne oder prasselndem Regen ausgesetzt, er bleibt feucht, locker und fruchtbar.
- Schädlinge suchen mithilfe ihres Geruchsinnes fast immer bestimmte Wirtspflanzen. Je mehr Kohl auf einem Haufen wächst, desto mehr Kohlfliegen finden ihn auch. Auf einem bunt gemischten Beet, mit verschiedenen starken Düften finden die Tiere weitaus schwerer ihr Ziel.

Die wichtigste Mischkultur-Regel lautet: Pflanzen derselben Familie gehen besser auf Abstand.

Alte Bekannte und neue Partner

Es gibt viele Möglichkeiten, Pflanzen miteinander zu kombinieren, und das ist für Einsteiger extrem verwirrend, während alte Gartenhasen kaum noch einen Blick auf Mischkultur-Tabellen werfen.

Wer klassische Kombinationen (siehe Kasten unten) pflanzt, kann das Gemüsebeet damit schon ziemlich gut füllen.

Nach ein paar Jahren Erfahrung werden viele mutiger und experimentieren mit neuen Varianten. Beherzigt man diesen Zusammenhang, klappt es mit den Nachbarn: Schädlinge und Krankheiten haben sich meist auf bestimmte Pflanzenfamilien spezialisiert. Man verbandelt also besser nur Mitglieder verschiedener Sippen. Besonders Kreuzblütler, Doldenblütler, Nachtschattengewächse und Hülsenfrüchte vertragen sich nicht mit ihresgleichen. Aber auch Kürbisgewächse und Korbblütler wurzeln ungern in direkter Nachbarschaft zu Verwandten.

Kreuzblütler
Blumenkohl, Brokkoli, Chinakohl, Grünkohl, Kopfkohl, Kohlrabi, Kresse, Mairübe, Radieschen, Rettich, Rosenkohl, Rukola, Wirsing, Senf, Goldlack, Mondviole, Judassilberling

Hülsenfrüchtler
Bohnen, Erbsen, Puffbohnen, Linsen, Wicken, Lupinen

Doldenblütler
Möhren, Pastinaken, Sellerie, Dill, Petersilie, Kerbel, Fenchel, Kümmel, Liebstöckl

Nachtschattengewächse
Tomaten, Kartoffel, Paprika, Chili, Aubergine

Kürbisgewächse
Gurken, Kürbis, Zucchini, Melone

Korbblütler
alle Salate, Endivien, Radicchio, Löwenzahn, Schwarzwurzel, Sonnenblumen, Astern, Ringelblumen, Kosmeen, Kamille, Kornblumen, Zinnien, Chrysanthemen, Dahlien, Tagetes und viele andere Blumen.

Klassische Nachbarn

- **Möhren + Steckzwiebeln**
Ende März–April in Reihen mit 20 cm Abstand säen bzw. stecken. Ernte ab August. Die Partnerschaft vergrämt Gemüsefliegen.

- **Spätmöhren + Lauch**
April–Ende Mai in Reihen mit 30 cm Abstand; Möhren ins Beet säen, Lauch säen oder Jungpflanzen setzen. Ernte: Herbst–Winter. Abwehr von Gemüsefliegen.

- **Blumenkohl/Brokkoli + Sellerie**
Vorkultivierte Pflanzen ab Mitte Mai abwechselnd mit 50 cm Abstand voneinander in ein gut gedüngtes Beet setzen. Sellerie schreckt Kohlweißlinge ab.

- **Salate + Kohlrabi**
April–Ende Juli Eissalat, Kopfsalat, Romanasalat oder Batavia und Kohlrabi in Reihen mit 20–25 cm Abstand aussäen und später ausdünnen.
Oder Jungpflanzen in Saatschalen bzw. im Frühbeet anziehen oder kaufen und ab April abwechselnd mit 20–25 cm Abstand voneinander pflanzen. Salat hält Erdflöhe von Kohlgewächsen fern.

- **Pflück-, (Schnitt-)salat + Radieschen**
Mitte März–August, alle 2–3 Wochen einzelne Reihen mit 15–20 cm Abstand aussäen. Innerhalb der Reihe Salat auf 20 cm, Radieschen auf 4–6 cm Abstand ausdünnen. Die Ernte erfolgt nach wenigen Wochen. Ab Mai sollte man Sommersorten verwenden, sonst schossen die Radieschen. Salat hält Erdflöhe fern.

- **Erdbeeren + Knoblauch**
Knoblauchzehen im März oder September zwischen die Erdbeerpflanzen stecken. Knoblauch beugt Grauschimmel an Erdbeeren vor und vertreibt Erdbeermilben.

- **Buschbohnen + Bohnenkraut**
Anfang Mai–Anfang Juli in Reihen mit 20 cm Anstand säen. Ernte nach 10–12 Wochen. Bohnenkraut wehrt die Schwarze Bohnenlaus ab.

Gute Nachbarn, schlechte Nachbarn – die große Mischkultur-Tabelle

Legende: ● = schlechte Partner (schwarz); ● = gute Partner (grün). In der folgenden Tabelle steht **s** für einen schwarzen Punkt (schlechte Partner) und **g** für einen grünen Punkt (gute Partner).

	Basilikum	Blumenkohl	Bohne	Bohnenkraut	Borretsch	Brokkoli	Chinakohl	Dill	Endivie	Erbse	Erdbeere	Feldsalat	Fenchel	Grünkohl	Gurke	Kartoffel	Knoblauch	Kohlrabi	Kopfkohl	Kopfsalat	Kürbis	Mangold	Melde	Melisse	Möhren	Paprika	Pastinake	Petersilie	Pfefferminze	Porree	Puffbohne	Radieschen	Rauke/Rukola	Rettich	Rosenkohl	Rote Bete	Salbei	Schnittlauch	Sellerie	Spinat	Tomate	Thymian	Zucchini	Zwiebel
Basilikum				s									g		g							g		s													s				g	s	g	
Blumenkohl			g															s				g			g														g					
Bohne	g	g		g				g	g	s	g	s		g	g	g	g	g		g		g								g	s					g			g				g	s
Bohnenkraut	s		g																													g												
Borretsch														g				g	g																						g		g	
Brokkoli								g									g	g										g				g		g					g					
Chinakohl								g										g										g				g		g					g					
Dill			g						g					g	g			g				g			g			s								g			g					g
Endivie			g			s	g					g								g		g			g					g									g	g				
Erbse			s					g			g	s			g		s	s	s			g	s		g			g		s	s					g			g		s			g
Erdbeere			g							g		g			g		g		g			g			g					g	s			g		g			g					g
Feldsalat							g	g	s						g																								g					g
Fenchel	g		s					s							g				g						s															s				
Grünkohl		g											s				g			g								s	g	g				g				g	g	g				
Gurke	g		g		g			g			g		s				s			g		g						s		g				g				g	g	g				s
Kartoffel			g			s		g		s	s			g				s									s									g			g	g	s			g
Knoblauch			s			g	g					s						s				g			s			g				g		s		s								
Kohlrabi		g	g	g		g	g	g		g			g		g		s								s				g			s		s		g			g	g	g			
Kopfkohl		g	g					g	g	s										g		g			g			s		g		s		g		g			g	g	g			
Kopfsalat			g					g		g	g	g		g	g								g		g											g			s	g				
Kürbis						s		g						g																										g				
Mangold	g	g	g						s									s							g					g						g							s	
Melde									g									g		g						g				g						g					g		g	
Melisse	s									g	g																																	
Möhren		g	g					g	g	g					s					g							g	g		s		g		g					g	s	g			g
Paprika			g									s				s	s			g																			g		g			
Pastinake													s									g			g			s												g				
Petersilie								g			g			g	g		g			s			g		g	s				g		g		g		g			g	g	g			
Pfefferminze						g									g					g														g										
Porree			s					g	s	g				g		s	g	g	g	g								g			g			g		g		s	g			g		
Puffbohne			s					g		s				g		s			g		g				g														g		g			
Radieschen					s	s				g		g		s											s					g			s	g							g		s	g
Rauke/Rukola										g										g												g		g										
Rettich		s			s		s			g		g		g				g	g	s									g		g	s	g							g		s		
Rosenkohl																			g														g											
Rote Bete		g	g					g						g	s	g						g			g						g	g							s					g
Salbei	s																																											
Schnittlauch																																												s
Sellerie		g	g					g						g	g		g	g							s	s	s	g								g		g	g		g	g		
Spinat										g						s				g								g		g		g		g				g			g		g	
Tomate	g				g			s		s				s				s		g																			g					
Thymian	s																																											
Zucchini	g		g	s																g								g						s		s					g			
Zwiebel			s					g				g	g			g				s		g			g					g														

● = schlechte Partner; ● = gute Partner

Knackiger Salat frisch vom Beet

Mit einem Extra-Salatbeet landen einen ganzen Sommer lang Tomaten, Gurken, Blattsalate und frische Kräuter in der Schüssel.

Pralle Gurken, sonnengereifte Tomaten und taufrischer Kopfsalat – darauf freuen sich Gärtner im Sommer. Schön wenn diese Pflanzen auf kleinem Raum gedeihen und das Beet so viele verschiedene Gemüse beherbergt, dass in der Salatschüssel keine Langeweile aufkommt.

Auf diesem Beet wachsen neben den klassischen Blattsalaten wie Kopf- und Pflücksalat auch Möhren, Kohlrabi, Radieschen, Tomaten und Gurken. Das bringt nicht nur Abwechslung in die Küche, sondern auch aufs Beet.

Sobald die ersten Kopfsalate geerntet sind, rücken in die Lücken Radieschen und Kohlrabi nach. Umgekehrt schließen junge Salatpflänzchen die Lücken geernteter Möhren, Kohlrabi und Radieschen.

Wer bei den Blattsalaten nicht nur zu Kopf- und Eissalat greift, sondern auch verschiedene Pflücksalate setzt, hat zwei Vorteile: Die Ernte setzt früher ein – einzelne Blätter lassen sich schon sehr bald abzwicken – und sie verlängert sich, da die Salate aus dem Herz immer wieder neu austreiben. Mit Schnittlauch, Zwiebelschlotten, Dill, Petersilie, Basilikum, Rukola und Zitronen-

melisse kommt Würze in den Salat. Selbst auf kleinem Raum liefern diese Kräuter laufend frisches Grün für die Küche. Wachsen dann noch Borretsch und Ringelblume zwischen Kohlrabi und Möhren, wird es nicht nur im Salat schön bunt.

Was wächst wo?

■ **Tomaten** bringen Farbe in den Salat. Die sonnenhungrigen Pflanzen brauchen genügend Platz im Beet. Am besten wachsen sie gut gestützt im Abstand von etwa 50 cm zum Nachbarn. Vor allem widerstandsfähige Sorten gedeihen gut im Garten und brauchen kein schützendes Dach gegen Kraut- und Braunfäule. Mit einer gelben oder grünen Tomatensorte kommt Abwechslung in den Salat. Wächst eine Kirschtomate in der Tomatenreihe, erntet man nicht nur viele kleine, sondern auch besonders süße Früchte. Am Fuß der Tomaten fühlen sich Basilikumpflanzen wohl. Die zarten Blätter strecken sich gerne der Sonne entgegen. Sie brauchen genügend Wärme und Wasser, um zu üppigen Kräutern heranzuwachsen.

Radieschen wachsen schnell. Wer sie regelmäßig nachsät, kann immer wieder knackige Knollen für den Salat ernten.

Gemüse im Salatbeet

(2 × 2,70 m)

① Schnittlauch
② Dill
③ Gurke
④ Borretsch
⑤ Pflücksalat
⑥ Zwiebeln
⑦ Rukola
⑧ Kopfsalat
⑨ Petersilie
⑩ Möhren
⑪ Kohlrabi
⑫ Zitronen-Melisse
⑬ Batavia- oder
  Eissalat
⑭ Radieschen
⑮ Basilikum (rot)
⑯ Basilikum (grün)
⑰ Tomaten

Am besten schmeckt Salat, wenn alle Zutaten aus dem eigenen Garten stammen – inklusive Knollen und Kräutern.

■ **Gurken** lassen sich auch im Gemüsebeet nach oben leiten. Mit einem stabilen Holzgerüst finden sie an Schnüren ausreichend Halt und liefern erfrischenden Gemüse-Nachschub. Sinken die Temperaturen nachts nicht mehr unter 15 °C, bilden sich aus den gelben Blüten Gurken. Wächst neben langen Schlangengurken eine Mini-Gurke im Beet, ist man selbst für den kleinen Hunger zwischendurch bestens gerüstet. Sowohl Gurken als auch Tomaten brau-

chen reichlich Futter, um die heranwachsenden Früchte zu versorgen. Deshalb düngt man die Pflanzen im Laufe des Sommers mehrmals mit Flüssigdünger wie Brennnesseljauche nach.

■ **Möhren** stecken voller Vitamine und fühlen sich zwischen Salatköpfen wohl. Wählt man frühe Sorten, muss man nicht allzulange auf die gesunde Salatzutat warten. Bis Ende Juni lassen sich in entstandene (Salat-)Lücken Lagermöhren aussäen.

- **Radieschen** zählen zu den Schnellstartern. Nach nur 20–30 Tagen sind die roten Mini-Kugeln erntereif und machen gerne Platz für die nächste Riege Blattsalat. Radieschen kann man bis in den August hinein aussäen. Allerdings gelingt dies nur, wenn man Sorten wählt, die der Jahreszeit angepasst sind.
- **Kohlrabi** brauchen wenig Platz. Sie sind optimale Lückenfüller und entwickeln zarte Knollen, die roh geraspelt besonders gut im Salat schmecken. Damit das mild-würzige Gemüse besonders zart wird, braucht es regelmäßig Wasser und Nährstoffe. Bleibt in trockenen Frühsommern der Regen aus, stockt das Wachstum und die Knollen werden holzig.
- **Salate** wachsen den ganzen Sommer über. Allerdings gibt es auch bei ihnen je nach Jahreszeit spezielle Sorten. Setzt man neben Kopfsalat außerdem Rukola, Batavia-, Eichblatt-, Pflück- oder Eissalat, variieren nicht nur Geschmack und Farbe, sondern auch Ernte-Zeitpunkt und -Länge. Blattsalate sind genügsam und kommen mit wenigen Nährstoffen zurecht. Ab August kann man Feldsalat und Spinat auf frei gewordenen Flächen aussäen.

Sorten fürs Salatbeet

Tomaten: 'Philovita' (Kirschtomate), 'Phantasia', 'Matina', 'Harzfeuer' (rot, rund), 'De Berao' (rot, eierförmig), 'Goldene Königin' (gelb, rund), 'Green Zebra' (grün, rund)
Gurken: 'Heike', 'Bella', 'Itznik' (Mini-Gurke)
Möhren: 'Almaro', 'Zian', 'Chantenay'
Radieschen: 'Cherry Belle', 'Eiszapfen' (Aussaat im Frühjahr/Herbst), 'Parat', 'Celesta' (Aussaat im Sommer)
Kohlrabi: 'Azur Star' (blau), 'Korist' (weiß)

Die Früchte von Mini-Gurken sind bereits bei einer Länge von etwa 15 cm erntereif. Vor allem Kindern schmeckt der knackig-frische Snack aus dem Garten.

Frischer Salat auf die Schnelle

Wer schnell ans Ziel kommen möchte, braucht einen guten Start, vor allem wenn er eine Kurzstrecke und keinen Marathon läuft. Gärtner kennen verschiedene Tricks, wie sie die jungen Salate auf dem Beet dazu bringen, zügig loszuwachsen und innerhalb weniger Wochen bereits die erste Ernte zu liefern. Zu Beginn der Salatsaison, wenn es nicht vorrangig um maximalen Ertrag geht, halten sie sich nicht lange mit Vorziehen auf, sondern säen schon ab etwa Mitte März direkt ins Beet und zwar alles, was essbare Blätter liefert: Pflücksalat sowieso, aber z. B. auch Gartenmelde, Rauke, Barbarakresse, Asia-Salatmischungen, die verschiedene Kohlgewächse, wie Komatsuna, Mizuna oder Tatsoi, enthalten.

Ist der Boden von der Frühlingssonne aufgewärmt, frei von Wildkräutern und gut gelockert, lassen die Keimlinge nicht lange auf sich warten. Versteckt sich die Sonne oft hinter den Wolken, sorgt ein einfach oder gar doppelt aufgelegtes Vlies für ein angenehm warmes Saatbett, in dem die Samen bald erwachen.

Eine gärtnerische Faustregel besagt, dass der Boden mindestens 12 °C warm sein soll, damit Salat- und Gemüsepflanzen zuverlässig keimen. Je wärmer die Erde ist, umso schneller schieben sich die Sämlinge nach oben ans Licht. Feldsalat braucht bei 12 °C Bodentemperatur etwa 14 Tage Zeit,

Salatmischungen, Pflücksalat, Asia-Salate – die Auswahl an schnell erntereifen Frühjahrssalaten ist groß. Sie gedeihen auf Balkon oder Terrasse gleichermaßen wie im sonnigen Beet.

Klassiker
Spinat und Feldsalat

Traditionell werden Spinat und Feldsalat im Spätsommer ausgesät, wenn die Beete sich langsam leeren. Doch auch eine Aussaat im Frühjahr ist möglich, sofern sie rechtzeitig geschieht: Je nach Region und Witterung ist der richtige Zeitpunkt ab Ende Februar bis März gekommen. Die zunehmend länger werdenden Tage ab Ende April, Anfang Mai bringen diese Wintersalate in Blühstimmung. Bis es so weit ist, sollten Spinat und Feldsalat bereits so groß sein, dass sie geerntet werden können. Hitze und Trockenheit fördern das Schossen zusätzlich.

um sich aus der Samenschale zu kämpfen, bei kuscheligen 20 °C lediglich 8 Tage. Ausnahmen bestätigen die Regel. Der Winterportulak mag es lieber kalt, und zwar Bodentemperaturen unter 12 °C, sonst lassen sich die Keimlinge nicht blicken. Deshalb wird er traditionell im Herbst gesät, umso mehr da er selbst bei kühlen 5–8 °C noch wächst und Blätter schiebt. Im Frühjahr liefert er allerersten Salat, wenn seine Samen ab Anfang und bis spätestens Ende März in die Erde kommen. Spätere Aussaaten lohnen nicht, danach erzielt man mit Pflück- oder den würzigen Asia-Salaten zuverlässigere und bessere Ergebnisse. Da diese Salatsprinter bereits im jugendlichen Stadium in der Küche landen, also sobald ihre Blätter etwa fingerlang sind, darf man sie platzsparend enger aussäen als normalerweise. Das betrifft sowohl den Abstand zwischen den Reihen als auch zwischen den Pflanzen.

Einmal säen, öfter ernten

Bei den meisten Babyleaf-Salaten genügen knappe 15 cm zwischen den Reihen und je nach Pflanzenart 5–10 cm in der Reihe. Bei Schnittsalat, Asia-Salat, Rauke und Barbarakresse darf es sogar ein bisschen enger sein.
Pflückt man nur die äußeren Blätter oder schneidet sie 1–2 cm über dem Boden ab, treiben die Pflanzen erneut aus, und zwar umso zügiger, je weiter der Frühling voranschreitet. Es genügt einmal zu säen, um zwei- oder dreimal zu ernten.
Wer bis in den Mai hinein alle 14 Tage weitere Sätze aussät, hat innerhalb weniger Wochen ein Salatangebot, das nichts zu wünschen übrig lässt. Am besten kombiniert man diese Salatsprinter mit einem Kopfsalat-Sortiment, dann ist man bestens versorgt.

Gießwasser anwärmen

Dünger brauchen die Frühstarter übrigens keinen zusätzlich, denn in den meisten Gartenböden sind ausreichend Nährstoffe für ihren Bedarf vorhanden. Wenn es länger nicht regnet, sollte man jedoch mit der Gießkanne nachhelfen und den Boden großzügig anfeuchten. Bei eher kühler Witterung darf es gerne angewärmtes Wasser sein. Wer ein Gewächshäuschen besitzt, stellt seine gefüllten Gießkannen dort hinein oder an einen warmen Ort im Haus, z. B. in den Heizungskeller.
Wenn es die Witterung verlangt, darf das Vlies bis zur Ernte auf dem Beet bleiben. Verwöhnt uns das Frühjahr mit viel Sonne, nimmt man die Decke besser ab, damit kein Hitzestau entsteht. Zudem schmeckt der besonnte Salat kräftiger.

Tomaten-Sommer

Ein Gemüsegarten ohne Tomaten? Undenkbar! Wer die richtigen
Sorten pflanzt und sie gut pflegt, erntet reinstes Sonnenaroma.

Zum einen entscheiden Sonnen-
schein und Wärme darüber, wann
Tomaten reifen. Zum anderen ist es
auch eine Sortenfrage.

Frühe Sorten reifen bereits ab Juli. Sie
stellen ungeschützt im Freien oder auf dem
Balkon eine reiche Ernte in Aussicht. Zu
diesen gehören nicht nur kleinfrüchtige
Tomaten, wie 'Rote Murmel', 'Gelbe Johannisbeere' und 'Mikro Tom rot', sondern
auch solche mit größeren Früchten, wie
'Harzfeuer' F1 und 'Goldene Köngin'.
Mittelfrühe Sorten verwöhnen ihre Gärtner
ab August bis fast zum Frost. 'Flavance' F1,
'Myrto' F1, 'Green Zebra' und 'De Berao'
sorgen im Garten und Gewächshaus für
ordentlichen Erntesegen.
Späte Sorten kann man erst ab Ende
August, Anfang September pflücken. Dazu gehören großfrüchtige und besonders
wärmeliebende Sorten, wie 'Rosa Ochsen-
herz', 'Marmande', 'Schwarze Krim', 'San
Marzano' und 'Zuckerbusch'. Ein Platz im
Gewächshaus sichert die meist übersicht-
liche Ernte.

Der perfekte Zeitpunkt

Nicht allein eine einheitlich rote Frucht gibt
einen Hinweis auf den günstigsten Pflück-
termin. Die Tomate sollte sich kurz vor dem
Herabfallen befinden und sich daher leicht
vom Stiel lösen lassen. Drückt man eine
reife Frucht, gibt ihre Schale leicht nach.
Das gilt auch bei grünen Sorten wie 'Green
Zebra'. Deren grüne Haut überzieht sich
zudem mit einem gelben Schimmer, oder
sie bekommt wie die der 'Green Sausage'
gelbliche Streifen. Gelbe Tomaten steigern
die Leuchtkraft ihres Gelbtons, der bei
ihnen den roten Farbstoff ersetzt.

Ernten wie ein Profi

Einzelfrüchte dreht man vorsichtig ab, ohne
die Pflanze zu beschädigen. Die Rispen vieler Strauch- und Obsttomaten erröten einheitlich, sodass sie mit einer Schere komplett abgeschnitten und erst in der Küche
oder am Tisch abgepflückt werden. Wenn
es sommerlich warm ist, ernten Gärtner
ihre Tomatenpflanzen mindestens zweimal
pro Woche ab, in kühlen Jahren lassen die
Früchtchen mitunter länger auf sich warten.
Manchmal aber, wenn die Tomaten-
schwemme selbst Gärtner mit großem
Hunger schier überrollt oder wenn man
viele Tage nicht zum Ernten kam, häufen
sich die Früchte in der Küche. Unbeschä-
digte Tomaten bleiben bei 13–18 °C
gelagert bis zu 14 Tage frisch, in wär-
meren Räumen bis zu einer Woche. Im
Kühlschrank verlieren die Südländer

Ein bisschen gedrückt, ein bisschen
geschnuppert – schon ist klar, wann die
Tomate erntereif ist. Sonnenwarm und
süß schmeckt sie am besten.

Tomatensamen zu sammeln, sichert die Artenvielfalt und macht Spaß: aus reifen Früchten kratzen, in Zuckerwasser gären lassen, ausspülen, trocknen.

Geschmack, Aroma und Inhaltsstoffe. Tomaten sollten außerdem nicht in der Nähe von anderem Obst und Gemüse liegen. Das Reifegas Ethylen, das Äpfeln oder Bananen entströmt, lässt sie schneller schrumpeln. Am liebsten bleiben Tomaten unter sich: in einem luftigen Korb in einem kühlen Raum.

Was den guten Geschmack ausmacht

Für Experten müssen Tomaten ein ausgewogenes Zucker-Säure-Verhältnis besitzen, weder zu reif noch zu grün sein. Das entwickeln die Früchte, wenn die äußeren Umstände nach ihrem Geschmack sind:

- **Standort:** Tomaten wachsen am besten geschützt und sonnig und lieben ein Dach über dem Kopf, damit Regentropfen keine Pilzkrankheiten wie die gefürchtete Kraut- und Braunfäule anspülen (siehe Bauanleitung für ein Tomatenhaus, S. 49). Als Gemüse des Südens entwickeln sie bei 25 °C die aromareichsten Früchte.
- **Gießen:** Nicht zu viel, nicht zu wenig, so lautet die Devise beim Gießen. Ist die Erde zu trocken, können die Früchte bei der nächsten Wassergabe platzen. Gießt man dagegen zu viel, schwemmen die Früchte regelrecht auf, der Geschmack wird dünn und verwässert. Manche Gärtner setzen die Früchte einem maßvollen Trockenstress aus und gießen gerade so viel, dass die Pflanze noch gut versorgt wird. Auf diese Weise nimmt bei der Reife der Wassergehalt in den Tomaten ein wenig ab und der gute Geschmack nimmt zu.
- **Düngen:** Je mehr Stickstoff eine Tomatenpflanze erhält, desto mehr Blätter lässt sie wachsen – aber Menge und Geschmack der Früchte bleiben dabei auf der Strecke. Es hat sich bewährt, die jungen Pflanzen in gute, humusreiche Erde zu setzen, die sie im Laufe des Wachstums mit allen wichtigen Nährstoffen, auch mit Stickstoff, versorgt. Dann ist in den meisten Fällen keine weitere Düngergabe nötig. Wer zusätzlich Ende August ihre Spitze mit allen frischen Blüten kappt, hilft seiner Pflanze, alle Kraft in das Ausreifen der vorhandenen Früchte zu stecken.

Aromatische Tomaten reifen, wenn die Pflanzen während des Wachstums mäßig gedüngt und gegossen werden.

Das Gift Solanin

Tomaten enthalten wie alle Pflanzen aus der Familie der Nachtschattengewächse vor allem in ihren grünen Teilen das giftige Alkaloid Solanin. Je nachdem welche Mengen davon verzehrt werden, kann das Übelkeit, Erbrechen, Kopfweh und Atembeschwerden verursachen. In reifen Tomaten, ob rote, gelbe oder grüne, findet sich kaum noch Solanin.

Gefährlich wird es, wenn 100 g Tomaten mehr als 25 g Solanin aufweisen. Besonders in sehr jungen Früchten steckt das Gift in solch hohen Konzentrationen – weshalb man von grünen Tomaten, die kleiner als Walnüsse sind, sicherheitshalber die Finger lassen sollte.

Dass Feinschmecker schon einmal ernsthaft von grünen Tomaten krank geworden

sind, ist bis heute nicht bekannt. Immerhin ist Solanin wasserlöslich, und einen Großteil davon scheidet der Körper wieder aus. Während das giftige Alkaloid im Laufe der Reife in harmlose Verbindungen umgewandelt wird, übersteht es große Hitze wie beim Kochen und Braten. Genauso wenig kann man das Solanin durch süßsaures Einlegen oder Marmelade-Kochen unschädlich machen: Süß-saure Konserven weisen noch 90 % des ursprünglichen Gehaltes auf, und in Marmeladen verdünnt nur der viele Zucker den ansonsten nahezu unveränderten Solanin-Gehalt. Schließlich muss jeder Gärtner selbst entscheiden, ob er Grüne-Tomaten-Rezepten vertraut oder nicht. Ärzte raten: Kinder naschen besser nicht von Gerichten aus unreifen Tomaten.

Lieblingssorten vermehren

Aus vollreifen Tomaten kann man leicht Samen gewinnen und die aromatischsten Sorten erfolgreich vermehren.

Für die Samenernte eignen sich Früchte von gesunden, reich tragenden Pflanzen, am besten von mehreren Pflanzen einer Sorte. Manche Krankheitserreger wie Viren übertragen sich vom Saatgut auf den Nachwuchs, verursachen Kümmerwuchs oder farnartig verformte Blätter.

Tomatensamen liegen in einer glibberigen Masse zwischen den fleischigen Fruchtwänden. Die Körner lassen sich leicht herauslösen. Damit sie keimen, befreit man sie von der Gallerthülle. Dazu gibt man das Fruchtfleisch mit Wasser und einer Messerspitze Zucker in ein Glas und lässt es luftdurchlässig abgedeckt 2–4 Tage gären. Danach duschen Gärtner die Samen in einem Sieb unter kaltem Wasser und trocknen sie an einem schattigen Platz auf Filterpapier.

Was fehlt meiner Tomatenpflanze?

Eben hingen die Tomaten noch prall und glatt am Strauch, dann will man gar nicht mehr gerne zugreifen. Was ist los? Bei der **Blütenendfäule** erscheinen zunächst auf den älteren Blättern narbige Flecken, die jüngeren bleiben klein und verlieren die typische Form. Dann bilden sich an den Blütenansatzstellen der Früchte wässrige Flecken, die sich schwarz verfärben und einsinken. Ursache für die Blütenendfäule ist meist ein Mangel an Kalzium, ausgelöst durch trockenen Boden. Vor allem im Frühsommer vorbeugend gießen, mulchen und beim Pflanzen etwas Algenkalk unter die Erde mischen.

Wenn die **Tomaten aufplatzen**, reißen die Früchte ringförmig oder längs auf. Die frischen Wunden bilden ein dünnes Schutzhäutchen und sind manchmal verhärtet. Wenn es nach längerer Trockenheit ausgiebig regnet, platzen die Früchte häufig auf, ebenso wenn sich die Früchte nach dem Gießen stark erhitzen. Immer in den zeitigen Morgenstunden gießen, die Erde nie völlig austrocknen lassen.

Manchmal behalten die Früchte am Stielansatz einen **Grün- oder Gelbkragen**, unter dem das Fruchtfleisch hart bleibt. Diesen kann man wie die anderen Schadstellen auch vor dem Essen großzügig wegschneiden. Hitze und Sonneneinstrahlung lassen vor allem die äußeren Früchte reagieren. Betroffen sind meist alte Sorten. Auch starkes Ausgeizen oder hohe Stickstoffgaben begünstigen die Stoffwechsel-Störung. Ein leichter Sonnenschutz aus Vlies und sparsames Düngen beugen vor.

Blütenendfäule

Geplatzte Tomaten

Gelbkragen

Tomatenhaus selbst gebaut

Tomaten auf einem Krautacker oder einem großen offenen Gartenbeet anzubauen, ist eine Herausforderung. Denn dort gibt es keinen Wind- und Regenschutz, und die Braunfäule hat leichtes Spiel. Plastikhauben und Folienhäuschen aus dem Gartencenter lassen sich selten so fest verankern, dass sie Sturmböen zuverlässig standhalten. Dieses Tomatenhaus ist im Frühling und Herbst rasch auf- und abgebaut, leicht zu transportieren und lässt sich platzsparend lagern. Noch wichtiger ist aber: Weil die Seitenwände offen sind, hat der Wind kaum Angriffsfläche. Lediglich das Dach ist regendicht gedeckt und schützt die Tomatenpflanzen vor Nässe von oben. Spiralförmige Tomatenstäbe, an denen die Triebe emporwachsen, lassen sich am Dach fixieren, damit sie nicht umkippen.

1 Für das Gerüst benötigt man 12 Dachlatten von 2 m Länge, UV-beständige Gitterfolie sowie Holzschrauben.

2 Die Maße des Tomatenhaus-Dachs betragen 2 m (Länge) × 1 m (Breite). Es besteht aus einem einfachen Holzrahmen mit einer Mittelstrebe in Längsrichtung und einer in Querrichtung über Kreuz.

3 Mit einem Tacker und möglichst kleinem Klammerabstand (Windstabilität) wird die maßgerecht zugeschnittene Gitterfolie auf dem Dachrahmen befestigt.

4 Die Seitenteile sind etwas schmaler (Breite: ca. 80 cm) und werden so gefertigt, dass eine Seite 5 cm kürzer ist als die andere, damit Regenwasser abfließt. Die Streben der Vorderseite sind 180 cm lang (das entspricht der Länge

üblicher Tomatenstangen), die der Rückseite 175 cm. Die Latten werden zu einem Rechteck montiert mit zwei überragenden Füßen von etwa 20 cm Länge, mit denen die Seitenteile später in die Erde gesteckt werden. Eine schräge Verstrebung sorgt für die nötige Stabilität.

5 Die Mittelstrebe im Dach gibt den Tomatenstangen Halt, indem dort hinein Löcher gebohrt werden, die im Durchmesser dem der Stangen entsprechen. Vorsicht: Die Dachlatte dabei nicht durchbohren, andernfalls durchstechen die Stangen die Folie. Wenn die Löcher im Abstand von 25 cm zum Rand und dann alle 50 cm gesetzt werden, bekommen pro Tomatenhaus 4 Pflanzen einen geschützten und großzügigen Platz.

6 Beim Montieren der Lattenkonstruktion verwendet man besser stets zwei Schrauben pro Fixierungspunkt, damit sich die Latten nicht gegeneinander verdrehen.

7 Beim Aufbau werden zunächst die Seitenteile aufgestellt und in den Boden gesteckt, anschließend das Dach aufgeschraubt. Schräge Stützstreben zwischen Dach und Seitenteilen geben dem Gerüst Stabilität und bewahren die rechten Winkel.

8 Vier kurze, angespitzte und schräg eingeschlagene Latten am Fußende der Seitenteile dienen als Erdanker.

Die schrägen Verstrebungen sorgen für Stabilität, die Erdanker halten das Dach auch bei starken Gewitterstürmen am Boden.

1 Die Dachlatten legt man sich passend auf einer ebenen Fläche zurecht, bevor man sie montiert.

2 Damit das Holz beim Verschrauben nicht aufreißt, die Löcher vorbohren und mit einem Versenker anschrägen.

3 Die Gitterfolie lässt sich leicht an den Rahmen tackern. Um dem Wind wenig Angriffsfläche zu bieten, auf kurze Klammerabstände achten.

4 Die schrägen Verstrebungen an den Seitenteilen und am Dach sorgen für Stabilität.

Material-Liste auf einen Blick

- 12 Dachlatten Fichte/Tanne sägerau, 24 mm × 48 mm × 2000 mm
- Spezialfolie mit PE-Faden verstärkt, UV-beständig, 2 × 3 m
- Holzschrauben 3,5 × 45 mm
- Werkzeug: Handtacker, Akkuschrauber, Säge
- etwas handwerkliches Geschick und einen ebenen Platz zum Zusammenschrauben

Frische Kräuter für die Küche

Kein Gärtner verzichtet im Garten auf Kräuter. Schließlich hegen die meisten geringe Ansprüche, wachsen selbst auf kleinstem Raum und verleihen vielen Speisen erst ihre typische Note.

Praktisch wenn die Kräuter, die man häufig in der Küche braucht, vor der Haustüre wachsen und ohne lange Wege rasch zu ernten sind. Noch besser ist es, wenn die nötigen Kräuter auch noch zusammen im selben Beet wachsen. Häufig klappt das Miteinander ganz problemlos. Eine harmonische Gemeinschaft bilden z.B. mediterrane Kräuter, die den Geschmack der italienischen Küche bestimmen. Sie haben weitgehend dieselben Ansprüche. Pralle Mittagshitze lässt sie aufleben, sie fühlen sich in der Nähe wärmespeichernder Steine auf trockenen Böden und kalkhaltigem Untergrund wohl. Die meisten sind robuste, pflegeleichte Halbsträucher, die kaum Dünger benötigen und an ihrem Standort sehr alt werden.

Aber was wäre die italienische Küche ohne Basilikum? Das weichblättrige Kraut bildet eine Ausnahme. Es stammt nämlich aus Indien und hat ganz andere Ansprüche als die übrigen mediterranen Küchenbegleiter. Zwar steht es gerne warm, aber nicht heiß und sonnig. Trockenheit mag es gar nicht, aber auch nicht zu viel Regen, und die Erde muss nährstoffreich sein. Trotzdem bringt man Basilikum problemlos im Garten unter – notfalls im Topf. Es muss nur an einem geschützten Platz stehen. So ist es auch vor Schnecken sicher, die ganz verrückt danach sind.

Gleicher Hunger

Suppenliebhaber wiederum finden unter den Küchenklassikern und vielen heimischen Kräutern Top-Geschmackslieferanten. Diese Kräuter haben meist weiche Blätter und schätzen eine gleichmäßige Wasserversorgung. Der Boden sollte nährstoffreich und humos sein, gerne tiefgründig und ihr Standplatz sonnig bis halbschattig. Bei so viel Gemeinsamkeit können sie problemlos ein Beet teilen.

Ist ausreichend Platz für ein Salatkräuter-Beet vorhanden? Auch sie haben zum größten Teil ganz ähnliche Ansprüche. Notfalls gibt man besonders Anspruchsvollen wie Liebstöckel Kompost mit ins Pflanzloch oder magert asketischeren Begleitern wie der Pimpinelle den Boden etwas ab, indem man ein wenig Sand unter die Erde mischt. Dann arrangieren sich auch diese beiden.

Die blauer Sternchenblüten des Borretsch sind ein Genuss für Auge und Gaumen. Sie verzieren jeden Salat.

Jeder Suppe ein Kraut

Keine Suppe kommt ohne Petersilie oder Liebstöckel aus. Und was wäre ein Bohneneintopf ohne Bohnenkraut? Suppen leben von Kräuteraromen. Oft sorgen sie als Mix zusammen mit Sellerie und Möhren für den klassischen Grundgeschmack.

Liebstöckel

Das wuchtige Kraut gedeiht mehrjährig und erreicht auf guten Böden 150 cm Höhe. Es beansprucht dann 60 × 60 cm Platz. Daher passt es gut in den Beethintergrund oder in die Mitte eines runden Kräuterbeetes. Liebstöckel (*Levisticum officinale*) entwickelt viele fiederteilige Blätter mit dem typischen Suppenaroma. Nicht umsonst heißt es auch Maggikraut. Man kann es von April bis zum Frost ernten. Ein Exemplar genügt vollkommen für eine vierköpfige Familie.
Praxis: Die Staude braucht in jedem Frühjahr eine gute Kompostdüngung.

Petersilie

Der Küchenklassiker gedeiht problemlos zu Füßen des Liebstöckels im selben Beet. Es gibt glattblättrige Sorten und krause. Erntezeit ist ab März bis Oktober.

Praxis: Petersilie (*Petroselinum crispum*) wächst zweijährig. Nach der Blüte im zweiten Jahr muss man das Kraut neu ansäen, ab April bis Juli direkt ins Beet. Dazu muss es an einen neuen Platz, sonst kümmert es. Frühestens nach 4 Jahren darf es an dieselbe Stelle zurückkehren. Ab März kann man es auch im Haus vorziehen. Die Sämlinge setzt man erst nach den Eisheiligen nach draußen. Die Pflanzen mögen kalkhaltige Erde. Petersilie stets gleichmäßig feucht halten. Sind die Bedingungen ungünstig, zieht man das Kraut besser in Töpfen und Kästen.

Sommer-Bohnenkraut

Das Sommer-Bohnenkraut (*Satureja hortensis*) wird rund 40 cm hoch. Es schmeckt prima in Eintöpfen, aber auch zu Fleisch- und vor allem zu Bohnengerichten. Man erntet bis September laufend junge Blätter. Triebe zum Trocknen schneidet man, sobald es im Juli aufblüht. Sie behalten ihr pfeffriges Aroma.
Praxis: Sommer-Bohnenkraut wächst einjährig. Man sät es daher jedes Jahr neu aus, am besten Anfang Mai direkt ins Beet. Da abgeschnittene Triebe nur spärlich nachwachsen, sät man ein weiteres Mal

im Juni, dann kann man bis September ernten. Die Saat nur leicht andrücken, nicht abdecken (Lichtkeimer). Nach etwa 2–3 Wochen gehen die Keimlinge auf. Diese auf 15 cm in der Reihe vereinzeln. Nur sparsam düngen, dann fällt das Aroma intensiver aus.

Zum Salat Frisches vom Beet

Knackig und saftig muss Salat sein. Im Frühling ist man besonders scharf auf frisches Grün. Natürlich schmecken fast alle Kräuter köstlich im Salat. Die hier vorgestellten jedoch sind roh am besten, sie verlieren getrocknet oder gekocht ihr Aroma.

Schnittlauch

Schnittlauch (*Allium schoenoprasum*) gehört zur Grundausstattung in Küche und Beet. Er gedeiht mehrjährig. Man erntet die 20–30 cm hohen röhrenförmigen Blätter von Mai bis Oktober. Aber auch die lilarosa Kugelblüten, die im Juni, Juli erscheinen, sind essbar.
Praxis: In jedem Frühjahr mit Kompost düngen. Die Horste alle 2–3 Jahre teilen und dadurch verjüngen.

Liebstöckel

Petersilie

Kapuzinerkresse

Kapuzinerkresse

Als Zierpflanze kennt sie jeder. Kapuzinerkresse *(Tropaeolum majus)* gedeiht in Töpfen, am Beetrand oder rankt am Gartenzaun hoch, denn es gibt aufrechte, 30 cm hohe sowie kletternde Formen. Sowohl ihre orangefarbenen Blüten, die runden Blätter, die Knospen als auch die unreifen Samen sind essbar und schmecken aromatisch.

Praxis: Die einjährige Pflanze jedes Jahr im Haus aus Samen anziehen, erst nach den Eisheiligen ins Freie pflanzen.

Borretsch

Die jungen Blätter des Borretsch *(Borago officinalis)* schmecken gurkenähnlich. Ältere sind ledrig zäh. Die Pflanzen werden 50–80 cm hoch und blühen unermüdlich von Juni bis Oktober.

Praxis: Man sät Borretsch ab März direkt ins Freie. Später versamt er sich reichlich von alleine.

Für Pasta & Pizza würziges Aroma

Die Kost der Mittelmeerländer lebt von den frischen Kräutern des Südens. Die sonnigste Ecke im Garten ist gerade recht für die Hitzeliebhaber. Damit die Halbsträucher eine kompakte Form bewahren, stutzt man sie im Frühjahr vor dem Austrieb um $1/3$–$2/3$ zurück. Mit Dünger und Wasser sparen.

Rosmarin

Seine dunkelgrünen »Nadeln« würzen mediterrane Pasta-, Fleisch- und Gemüsegerichte. Nur wer in einer wintermilden Region lebt, darf Rosmarin *(Rosmarinus officinalis)* zu den oben genannten Mittelmeer-Kräutern ins Beet pflanzen.

Praxis: Meist ist er hierzulande nicht ausreichend winterhart. Man gräbt ihn daher bei den ersten Nachtfrösten aus, und überwintert ihn im Topf im Haus bei 0–10 °C. Man kann ihn auch ganzjährig als Topfpflanze halten.

Oregano

Oregano *(Origanum vulgare)* ist das Pizza-Gewürz schlechthin, verfeinert aber auch Gemüse- und Pastagerichte. Man erntet junge Blätter und ganze Triebspitzen. Zum Trocknen schneidet man sie im Juni, wenn die Blüte beginnt, dann ist das Aroma am intensivsten. Die Pflanzen bilden 20–30 cm flache Polster und machen sich gut auf Trockenmauern.

Praxis: Im Frühjahr Samenstängel und alle anderen vertrockneten Triebe zurückschneiden. Die Pflanzen kann man teilen, um sie zu vermehren.

Thymian

Ebenfalls ein schmucker Mauerbewohner ist Echter Thymian *(Thymus vulgaris)*. Seine winzigen Blättchen schmecken frisch und getrocknet, auch die hübschen lilarosa Blüten sind essbar. Zahlreiche Sorten bieten unterschiedliche Geschmacksvarianten und Wuchsformen. 'Compactus' etwa bleibt 10–20 cm klein und ist sehr winterhart. 'Orange Spice' dagegen freut sich über einen leichten Winterschutz. Die Sorte schmückt sich mit dunkelgrünen nadelähnlichen Blättchen und bildet flache Teppiche oder auf Mauerkronen herabfließende grüne Vorhänge.

Praxis: Thymian nach der Blüte im Sommer ein zweites Mal zurückschneiden. In sehr rauen Lagen deckt man ihn im Winter mit trockenem Laub ab.

Salbei

Küchen-Salbei *(Salvia officinalis)* wächst 30–60 cm hoch. Seine Blätter gehören zu Saltimbocca und geben der Salbeibutter ihren Geschmack. Mehrere Sorten bieten unterschiedliche Blattfarben, die das Kräuterbeet optisch beleben. 'Purpurascens' überhaucht die Triebspitzen violett, 'Icterina' trägt gelb-grün gemusterte Blätter und 'Tricolor' sogar dreifarbige. Alle entfalten das typische Salbeiaroma – wenn auch deutlich weniger intensiv als die grünblättrige Urform.

Praxis: Die Triebe frieren in harten Wintern zurück, man schneidet sie daher vor dem Austrieb ins gesunde Gewebe zurück. Die Pflanzen treiben neu durch.

Thymian

Salbei und Rosmarin

Kräutermond in Stufen

Das Mondbeet ist die neue Kräuterspirale. Als Sonnenfalle angelegt und bequem zu pflegen, fügt sich das leicht erhöhte Beet platzsparend auch in den kleinen Garten ein und liefert frische Kräuter für die Küche. Alle Küchenkräuter auf wenig Raum unterzubringen und dann noch jedem einzelnen Pflänzchen seine Lieblingsbedingungen anzubieten – nicht mehr und nicht weniger wünscht man sich von einem Kräuterbeet. Dass es hübsch ausschauen soll, ist selbstverständlich.

Die gute, alte Kräuterspirale will alle Wünsche erfüllen, und doch muss man so manche bereits nach wenigen Jahren von Grund auf sanieren. Denn in kleinen Spiralen spielen Minzen und Melisse bald die weniger konkurrenzstarken Gefährten an die Wand. In großen Spiralen herrscht zwar friedlicheres Miteinander, aber die Mitte des duftenden Berges ist fast nur mit waghalsigen Verrenkungen zu erreichen, und begehbare Kräuterspiralen verbrauchen enorm viel

Fläche und eignen sich eher für Schulgärten oder Schaugärten. Der Kräutermond ist im Prinzip eine auseinandergezogene Spirale. So entsteht in der Mitte ein Steh- oder Sitzplatz, von dem aus es sich bequem arbeiten lässt.

Die Größe, die Krümmung und die Höhe des Kräutermondes passt man an seine Vorlieben und den Garten an. Die Beetbreite sollte inklusive der Wände 1,20 m nicht überschreiten, damit man, ohne sich zu strecken, gut pflegen und ernten kann.

Ein Beet für Langlebige

Unser Kräutermond ist ein kleines Modell. Um den inneren Stehplatz von 60 cm Durchmesser kringeln sich die 1 m breiten Beete, begrenzt von Pflastersteinen. Das Beet ist also nicht sehr hoch, und das muss es selbst für die Trockenheit liebenden Thymiane und Rosmarine nicht sein. Ihnen reichen 15–20 cm lockerer, magerer Untergrund, um kräftig zu wachsen und gleichzeitig den gefürchteten Wurzelfäulen und Winterschäden zu entgehen.

Höhere Beete bringen den Kräutern keinen größeren Nutzen, nur dem Gärtner, der sich beim Ernten kaum noch bücken muss. Je höher das Mondbeet ist, desto mehr Material und Arbeitszeit braucht man für den Bau.

Der richtige Platz

Sonne und noch mal Sonne lieben alle Kräuter auf dem Mondbeet, selbst die Minzen schmecken umso besser, je mehr Sonnenlicht sie einfangen.

Unsere mitteleuropäischen Sommer sind für die Gewürze, die meist aus südlichen Ländern stammen, oft zu kühl und zu wolkig. Idealerweise baut man den Kräutermond deshalb so, dass Teich oder Eingang im Süden liegen, dann ergibt sich eine Sonnenfalle, und die Beete wärmen sich rasch auf.

Bau und Boden

Als Einfassung des Beetes eignen sich viele verschiedene Materialien. Steine halten für die Ewigkeit, Holz vermodert mit den Jahren. Betonstein und breite Natursteine können bei niedrigen Beeten ohne Mörtel aufeinandergeschichtet werden, das ergibt eine sehr breite Trockenmauer. Ein Fundament aus gut verdichtetem Schotter trägt diese Wände.

Klinker und Pflastersteine sind zu grazil, um dem Erddruck ohne Unterstützung standzuhalten und sollten besser mit Mörtel verbunden werden. Darunter ist ein Streifenfundament aus Beton nötig. Holzpalisaden schlägt man in eine Rinne aus Kies ein. Beete aus waagerechten Holzelementen stehen gut auf wasserdurchlässigem, verdichtetem Schotter. Holzbeete verkleidet man innen mit genoppter Dränagefolie. Das Holz trocknet so nach Regen rasch ab und hält deutlich länger.

Rosmarin

Indianernessel

Ysop

Kräuter
fürs Mondbeet

① **Brunnenkresse** *(Nasturtium officinalis)* wächst im flachen Wasser.

② **Pfeffer-, Apfel- und Marokkanische Minze** werden durch Wurzelsperren (Töpfe ohne Boden) am Wuchern gehindert.

③ **Petersilie** steht im Tontopf und wird jedes Jahr neu ausgesät.

④ **Bärlauch** oder **Schnittlauch** ducken sich hinter die Minze in den Halbschatten.

⑤ Beim **Sauerampfer** lohnt es sich, die Sorte 'Profusion' zu pflanzen, die nie blüht, dafür umso mehr Blätter bildet.

⑥ **Pimpinelle**, ihre gefiederten Blätter hängen etwas über dem Beetrand.

⑦ **Einjährigen Majoran** setzt man in einen Topf mit nährstoffreicher, humoser und sehr lockerer Erde. Der Topf wird jährlich neu bepflanzt.

⑧ **Oregano**, 'Aureum' bringt mit gelb-grünen Blättern Farbe ins Beet.

⑨ **Zitronen-Melissen**, die grüne Form und 'Variegata' mit zweifarbigen Blättern.

⑩ **Zitronige Katzenminze** *(Nepeta faassenii* 'Grog') oder auch **Lemon-Ysop**

(Agastache mexicana) blühen lange und locken Bienen und Hummeln an.

⑪ **Indianernesseln**, rot und violett blühend, verströmen Earl-Grey-Aroma.

⑫ **Französischer Estragon** wuchert nicht so stark wie Russischer Estragon.

⑬ **Basilikum**, z. B. Genoveser, Kubanisches oder 'African Blue', mögen es warm.

⑭ **Thymiane** hängen dekorativ und platzsparend über dem Beetrand.

⑮ **Salbei**, die Sorte **'Berggarten'** wächst kompakt mit breiten Blättern.

⑯ **Zitronenverbene** *(Aloysia triphylla)* im Topf, sie wird frostfrei überwintert.

⑰ **Mehrjähriges Bergbohnenkraut** bildet rundliche Polster.

⑱ **Rosmarin**, winterfeste Sorten wie 'Veitshöchheim' bleiben im Beet. Empfindliche Rosmarine dagegen wachsen im Topf und werden frostfrei überwintert.

⑲ **Ysop** *(Hyssopus officinalis)* oder Currystrauch *(Helichrysum italicum)*

⑳ **Niedriger Oregano** 'Compactum' und **Griechischer Oregano** *(Origanum vulgare* ssp. *hirtum)*

㉑ **Lavendel**

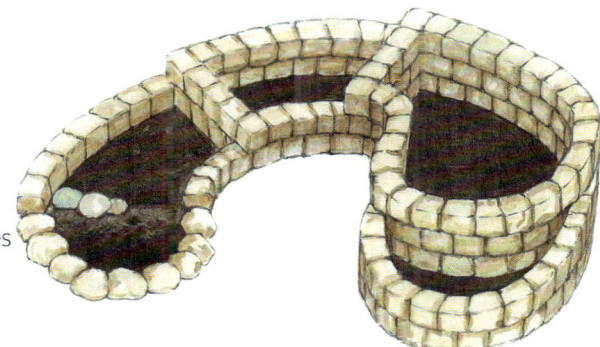

Die Kräuter wachsen in unterschiedlich hohen Beeten. Die Steine speichern Sonnenwärme besonders gut.

So bleibt der Mond
immer gut in Form

Je höher ein Beet gebaut wurde, desto mehr sackt die Erde mit der Zeit ab. Dabei rutschen die Kräuter langsam mit nach unten. Das kann man mit längeren Trieben ausgleichen, aber bei einer Trockenmauer wird die obere Steinreihe instabil.

Die meisten Kräuter vertragen es nicht, wenn man immer wieder Erde auf ihre Wurzeln schichtet. Deshalb sollte man die Pflanzen alle 3–4 Jahre ausbuddeln und das Beet neu auffüllen.

Oregano, Bohnenkraut, Duftnesseln und andere horstig wachsende Stauden werden dabei geteilt und Stücke aus dem Randbereich der Mutterpflanze neu eingesetzt. Sie belohnen die Mühe mit vielen frischen Trieben.

Weniger begeistert zeigen sich die holzigen Vertreter, wie **Thymian, Lavendel, Rosmarin** und **Ysop.** Ihnen zuliebe renoviert man das Beet nur im Frühjahr. Die wieder eingesetzten Sträucher müssen kräftig, um $2/3$ zurückgeschnitten werden.

Möhren und Kartoffeln: unterirdisch gut

Diese Wurzelgemüse dürfen in keinem Biogarten fehlen, denn nie schmecken sie so gut wie frisch aus der Erde.

Wer je in eine frisch gezogene Möhre gebissen hat weiß, was knackig heißt. Und unverfälschten Kartoffelgenuss bescheren sowieso nur Knollen aus eignem Anbau. Deshalb bekommen diese beiden in fast jedem Gemüsegarten ihren festen Platz.

Möhren

Richtig gibt es nicht und auch kein Falsch: Möhren versteht jeder, im Süden Deutschlands ernten die Menschen häufig Gelbe Rüben, im Norden eher Mohrrüben. In manchen Regionen Österreichs wiederum sagt man wirklich nur zu gelben Sorten Gelbe Rüben. Als Karotten kennen manche die kleinen, runden oder zumindest kurzen Rübchen, wie sie in erster Linie für die Konservenindustrie angebaut werden. Eine offizielle Definition existiert nicht. In Katalogen trennen Gärtner zwischen dem zylinderförmigen, stumpfen Nantaise-Typ, dem spitz zulaufenden Flakkeer-Typ und den runden Pariser-Markt-Sorten.

Hobbygärtner interessiert vor allem eines: Wie baut man eine Sorte an, und wie schmeckt sie? Sommermöhren sät man schon ab Mitte März aus und zieht sie nach 80–100 Tagen zum Essen frisch aus dem Boden. Wintermöhren reifen langsam heran (150 Tage), werden im Herbst geerntet und halten lange im Lager. Beliebte Sommersorten sind 'Nantaise 2' und 'Gonsenheimer Treib', verbreitete Wintersorten 'Lange rote stumpfe ohne Herz' und 'Rote Riesen 2'. Bei neuen Sorten legen Züchter großen Wert auf viele gesunde Inhaltsstoffe, wie Carotinoide und Anthocyane. Reich an beidem ist die zweifarbige 'Purple Haze', besonders viele Carotinoide enthalten 'Nutri Red' und 'Rotin'.

Samen vom Feinsten

Es grenzt an hohe Kunst, Möhren so auszusäen, dass sie später nicht mehr ausgedünnt werden müssen. Schließlich sind die Samen so winzig, dass schon 1 g Saatgut genügt, um auf 1 m² Möhren anzubauen. Viele Gärtner strecken die Samen deshalb im Verhältnis 1 : 2 mit trockenem Sand. Sät man diese Mischung aus, bedrängen sich die Möhren später weniger. Mini-Möhrchen, die beim Ausdünnen gezupft werden, dürfen samt Kraut direkt im Mund oder Salat landen.

Bunter Möhren-Mix: Sorten in Gelb und Violett bringen Farbe in den Salat oder auf den Rohkost-Knabber-Teller.

Möhren könne man nicht verpflanzen, heißt es in vielen Büchern. Englische Gärtner säen die feinen Samen jedoch häufig zunächst in Gefäßen aus und setzen sie nach 6–8 Wochen behutsam im richtigen Abstand (3–6 cm) ins Beet um. In Italien bekommt man sogar vorgezogene Möhren in Töpfen.

So gelingt der Anbau

- Sommermöhren sät man satzweise von Mitte März bis Anfang Juli.
- Die Samen von Wintermöhren kommen zwischen Mitte April und Ende Mai in die Erde. Zu früh gesät, neigen sie zum Schossen, späte Saaten reifen nicht aus.
- Bis Mai wärmt besser ein Vlies die jungen Saaten.
- Weil Möhren 2–4 Wochen brauchen, bis sie keimen, sät man oft schnell keimende Radieschen als Markierung mit in die Reihe. So kann schon nach kurzer Zeit zwischen den Reihen gehackt werden.
- Beträgt der Abstand zwischen den Reihen 20–25 cm, haben alle Pflanzen ausreichend Platz.
- Viele Gärtner säen Möhren im Sommer etwas tiefer in die Erde (3 cm) als im Frühling (1 cm), damit die Samen nicht austrocknen.

- Möhren gedeihen am besten in voller Sonne. Im Sommer beschleunigt lichter Schatten jedoch die Keimung. Den werfen Vliese oder benachbarte Pflanzen.
- Es genügt, wenn das Beet vor der Aussaat mit reifem Kompost versorgt wird. Weitere Düngergaben benötigen Möhren auf gutem Gartenboden nicht. Zu viele Nährstoffe, allen voran Stickstoff, schaden sogar: Sie mindern die Widerstandskraft der Rüben gegenüber Krankheiten und Schädlingen.
- Mist eignet sich nicht als Möhrenfutter. Sein Geruch lockt die Möhrenfliege an, außerdem verstecken sich darin häufig Würmer und Fliegenmaden, die den Möhren gefährlich werden können. Obendrein enthält er zu viele Nährstoffe.
- Möhren schmecken zart und platzen nicht, wenn man während ihres Wachstums für gleichmäßige Bodenfeuchte sorgt, etwa mit Mulch aus Rasenschnitt.
- Unter Stress produzieren Möhren bitter schmeckendes Isocumarin – also bei Hitze, Staunässe, verdichtetem Boden oder Schädlingsbefall.
- Schieben sich die Wurzelköpfe aus der Erde, häufelt man sie an. Andernfalls färben sie sich bei manchen Sorten grün und werden ungenießbar.

Wenn Möhren angefressen und verbittert sind

… tragen daran meist die Maden der Möhrenfliege die Schuld. Die gelblichen Würmchen fressen sich von der Spitze zum Kopf am Rand der Rübe entlang, bis sie groß genug sind, sich im Boden zu verpuppen. Die Fraßgänge liegen häufig sichtbar frei und sind gefüllt mit bräunlichem Kot. Die erwachsenen Fliegen orientieren sich am Duft der Möhren: Dort, wo es nach Möhre riecht, legen sie ihre Eier ab – die erste Generation Ende Mai–Anfang Juni, die zweite Mitte–Ende August. Um das zu verhindern:

- Einen luftigen Standort wählen für die Möhrenkultur oder dreireihig mit Zwiebeln umpflanzen.
- Nach der Aussaat Gemüsefliegennetze über die Pflanzen spannen oder aus den Netzen eine 50 cm hohe Barriere um das Beet errichten – höher fliegen die Tiere nicht.
- Das Ausdünnen, Hacken und Ernten in die Abendstunden verlagern und anschließend gründlich gießen. Denn bei diesen Arbeiten verströmen die Pflanzen ihren typischen Duft. Abends sind jedoch keine Fliegen unterwegs, das Wasser vertreibt den Geruch.

Harlequin-Mix

'Pariser Markt 5'

'Purple Haze'

'Nantaise 2'

Kartoffeln

In alten Zeiten beanspruchte die Kartoffel die größte Fläche im Gemüsegarten. Vor etwa 100 Jahren empfahlen erfahrene Gärtner in ihren Schriften, der Knolle dort um die 200 m² zu reservieren. Da half dann die ganze Familie mit, um das Feld zu bestellen. Doch es geht auch kleiner, und auch dann können sich die Erträge sehen lassen: Um 30–40 kg Kartoffeln zu ernten, benötigt man eine Fläche von 10 m² und etwa 3 kg Pflanzkartoffeln. 2013 lag der Pro-Kopf-Verbrauch frischer Kartoffeln bei rund 55 kg im Jahr. Richtige Kartoffelfans vertilgen leicht das Doppelte. Mit 40–50 m², das sind 8–10 Reihen, kommt eine Familie zumindest bis Weihnachten über die Runden. Wer wenig Platz hat, kann wenigstens zwei, drei Reihen Frühkartoffeln auf dem Gemüsebeet unterbringen. Und auch für Balkon- und Stadtgärtner lohnt sich das Erde- und Töpfeschleppen. Wenn man etwa 100 Tage nach dem Legen vorsichtig die Erde beiseite schiebt und die ersten, selbst gezogenen Knollen in Händen hält, ist diese Mühe längst vergessen. Und Kartoffeln anzubauen, gelingt selbst Anfängern. Wichtig ist, dass auf dem Beet vorher 3–5 Jahre lang keine Kartoffeln wuchsen. Denn die schönsten und größten Knollen erntet man auf Flächen, auf denen vorher noch nie Kartoffelstauden standen. Die Erde ist frei von Krankheitserregern, die sich nach häufigem Anbau dort anreichern.

Was Knollen gut tut

Kartoffeln gedeihen gut an einem sonnigen Standort, wo der Wind nach Regen die Blätter abtrocknen kann. Ist der Abstand groß genug, wachsen Kartoffeln auch einvernehmlich mit Gemüse wie Kopfkohl, Buschbohnen oder Brokkoli.

- **Jeder Gartenboden** eignet sich für den Anbau der Knollen. Wer Rasen oder ein Stück Wiese rodet, sollte sicherheitshalber einige Kopfsalat-Setzlinge zwischen die Kartoffeln pflanzen, um eventuell vorhandene Drahtwürmer zu ködern und abzufangen.
- **Boden vorbereiten:** Wildkräuter entfernen, vor allem Wurzelunkräuter, wie Quecke oder Winde, Steine auslesen und den Boden gründlich etwa 15 cm tief lockern.
- **Kartoffeln legen:** Etwa Mitte April bis spätestens Anfang Mai, wann genau hängt von der Region, Höhenlage und Witterung ab. Kartoffeln mögen keine nasskalte Erde. Der Boden sollte oberflächlich gut abgetrocknet und mindestens 8–10 °C warm sein.
- **Wie tief?** Auf trockenen Böden und in regenarmen Regionen legt man die Knollen bis zu 10 cm tief, in Gegenden mit ausreichend Niederschlag etwa 5 cm tief (der Rücken der Knolle liegt ungefähr auf Oberflächenniveau), bevor man 15–20 cm hoch lockere Erde über die Knollen zieht.
- **Der Vorteil von Dämmen:** Der Boden ist locker, er erwärmt sich schnell und vernässt nicht. Außerdem treten weniger Wildkräuter und Schädlinge auf.
- **Gute Abstände:** 30–40 cm in der Reihe. Frühkartoffeln legt man weiter als Lagerkartoffeln. Je enger die Abstände sind, desto kleiner bleiben die Knollen. Wer Baby-Kartoffeln ernten möchte, legt alle 20 cm eine Knolle. Abstand zwischen den Reihen 60–70 cm.
- **Vorgekeimte Kartoffeln** beim Legen vorsichtig in den Boden drücken, damit die Triebe nicht abbrechen. Die Knollen treiben zwar neue, doch das kostet Kraft und Zeit.

Beste Bedingungen

Einen besonders guten Empfang bereiten den Knollen Beete, auf denen zuvor Dicke Bohnen gewachsen sind. Ihre Wurzeln lockern die Erde und düngen sie außerdem mit Stickstoff auf.

Wer die Knollen sehr früh legt, erlebt manchmal sein braunes Wunder, wenn über Nacht der Frost die Blätter »verbrannt« hat, wie die Bauern sagen. Die Pflanzen treiben zwar wieder aus, schöpfen allerdings aus ihren Reserven. Erfahrene Gärtner haben Geduld und warten ab mit dem Legen, denn sie wissen: Im warmen Boden laufen Kartoffeln schneller auf als im kalten. Die spät gelegten holen meist den Vorsprung der Frühstarter wieder auf.

Kartoffeln kommen zwischen Mitte April und Anfang Mai in die Erde.

Vortreiben lohnt sich

- Den ca. **zweiwöchigen Vorsprung**, den das Antreiben den Kartoffeln verschafft, behalten sie bis zur Ernte.
- Auf dem Beet **entwickeln** sie **sich schneller** als »schlafende« Knollen.
- Sie wachsen **Schnecken, Wildkräutern, Braun- und Krautfäule** und **Kartoffelkäfern** davon.
- Einzig **Frost** kann den Frühstartern gefährlich werden. **Vliese** oder Folien über die Reihen gelegt, verhindert Schäden.
- Wer Wert auf besonders große Knollen legt, beläset jeder Kartoffel nur

3–4 Keime: wenige Keime = weniger Stängel = wenige, große Kartoffeln. Die Triebe sollten 2–4 cm Abstand haben.
- Zu früh mit dem **Antreiben** anzufangen bringt keine Vorteile. Der optimale Zeitpunkt ist **4–5 Wochen** vor dem Legen, also Anfang, Mitte März.
- Nur **makellose Knollen** eignen sich: Verletzte, kranke oder schrumpelig weiche sortiert man aus.
- Die Kartoffeln legt man einlagig in flache **Kisten**, die man einige Zentimeter hoch **mit Erde gefüllt** hat. Kleinere Mengen kann man auch erdelos in Eierkartons antreiben.

- Die Kisten an einem möglichst hellen, vor praller Sonne geschützten Ort aufstellen, **erst warm, dann kühler:** zunächst 2–3 Tage bei 18–20 °C, dann bei 12–15 °C.
- Sobald aus den Augen die grünen Spitzen hervorbrechen, benötigen die Kartoffeln so viel **Licht** wie möglich. Licht sorgt dafür, dass die **Triebe kurz, kompakt** und grün bleiben, hohe Luftfeuchte, dass sie nicht austrocknen.
- Temperaturwechsel fördern das Keimen. Deshalb die ausgetriebenen Knollen einige Tage **bei 5–7 °C abhärten.** 2–3 Tage vor dem Legen wieder auf 12–15 °C erhöhen.

Dazu trägt auch das Anhäufeln bei. Unter anderem belüftet es die Erde und fördert das Bodenleben, das daraufhin besonders fleißig Nährstoffe wie Stickstoff freisetzt. Mit einer Hacke zieht man von allen Seiten Erde an die Pflanzen, und zwar so viel, dass der untere Teil der Stängel bedeckt ist, ohne dabei Blätter zu begraben. Bis zur Ernte geschieht dies 2–3-mal, etwa alle

4 Wochen. Das erste Mal greift man zur Hacke, kurz nachdem sich die ersten Blattschöpfe auf den dicken Stängeln entwickelt haben. In diesem Stadium bedrängen meist Wildkräuter, wie Franzosenkraut, Vogelmiere oder Ackerwinde, die jungen Pflanzen. Diese werden entfernt und der Boden oberflächlich gelockert. Solange die Pflanzen die kahle Fläche um sich herum

noch nicht bedeckt haben, besteht die Gefahr, dass starke Regenfälle die Erde wieder wegschwemmen. Wenn der Boden abgetrocknet und das Beet wieder begehbar ist, häufelt man erneut an. Ist der Frühsommer heiß und trocken, verkrustet die Oberfläche. Beim Anhäufeln bricht man diese Kruste auf, Luft und Regenwasser können wieder ungehindert eindringen. Nach dem sich die Knollen gebildet haben, sollte erneut angehäufelt werden, um sie vor Licht zu schützen. Manche liegen sie so dicht unter der Oberfläche, dass die Kartoffeln ergrünen.

Kartoffeln haben Appetit

Nachtschattengewächse sind für ihren großen Hunger bekannt. Die Kartoffel macht da keine Ausnahme. Wenn die Pflanzen im Mai, Juni Triebe und Blätter bilden, brauchen sie das meiste Futter: Je größer die Staude, desto größer fallen später die Knollen aus.

- **Kompost** enthält eine ausgewogene Mischung an Pflanzennährstoffen, vor allem reichlich Kalium und Magnesium. Er verhilft den Knollen zu einem guten Start und wird in die Pflanzgrube zusammen mit etwas Steinmehl eingearbeitet.

- Was dem Kompost an Stickstoff fehlt, liefern **Hornspäne**. Mikroorganismen zersetzen die groben Späne im Verlauf einiger Wochen und geben die Nährstoffe nach und nach in den Boden ab. Auch diesen Dünger (40–60 g/m²) mischt man beim Legen der Kartoffeln mit unter die Erde.

- **Grüne Dünger** sorgen für Nachschub, sobald der Vorrat in der Erde aufgezehrt ist. Beinwell- und Brennnesselblätter eignen sich als Mulch. Schneller geben sie ihre Nährstoffe frei, wenn man sie in Wasser vergären lässt und flüssig düngt.

Die beste Maßnahme gegen Kartoffelkäfer: Tiere regelmäßig absammeln und Eigelege zerdrücken.

Die Feinde der Knolle

Triebe, Blätter – alle grünen Teile an Kartoffeln sind giftig. Zumindest für uns Menschen. Kartoffelkäfer, Läuse, Drahtwürmer, einige Pilze und Viren lassen sich von den bitteren Abwehrstoffen nicht den Appetit verderben.

In manchen Jahren kann das zum Problem werden. Weil einige dieser Spezialisten direkt auf dem Kartoffelacker überwintern, heißt Regel Nr. 1 für Kartoffelgärtner: Nie mehrere Jahre hintereinander auf derselben Fläche Kartoffeln anbauen.

Die gefährlichste Krankheit, und in nassen Jahren kaum auszubremsen, ist die Kraut- und Knollenfäule. Dann nutzt der Pilz *(Phytophthora infestans)* die Gunst der Stunde, um die geschwächten Pflanzen zu infizieren. Er überzieht die Blätter mit braunen Flecken, einzelne Triebe oder die gesamte Pflanze gehen ein. Bei 90 % Luftfeuchte und um die 18 °C gedeiht der Pilz am besten. Trockenheit stoppt sein Wachstum, folgt feuchte Witterung, setzt er es allerdings erneut fort. Ihm vorbeugen können Gärtner, in dem sie einen windoffenen Standort wählen, Kartoffeln vorkeimen, ausschließlich kerngesunde Knollen legen, auf genügend Abstand achten, der Boden mulchen, die Pflanzen hauchfein mit Steinmehl bestäuben und widerstandsfähige Sorten anbauen.

Wo Kartoffeln wachsen, tauchen früher oder später der Kartoffelkäfer und sein Nachwuchs auf. Die Tiere überwintern im Boden und warten dort, bis im nächsten Jahr die Kartoffeln austreiben. Im Garten, wo meist nur kleine Flächen mit den Knollen bestellt sind, sammelt man die Käfer ab Juni regelmäßig ab (möglichst bevor sie Eier legen) und übergießt sie mit kochendem Wasser. Sicherheitshalber blickt man ab und zu auch unter die Blätter und schaut nach den knallorangen oder leuchtend gelber Eigelegen. Diese gründlich zwischen dem Blatt zerquetschen.

Gärtnern in der Kiste

Wer auf Balkon, Terrasse oder kleinem Grundstück Gemüse und Kräuter ernten will, kann einen Garten in Bäckerkisten anlegen. Mit guter Erde gefüllt, verwandeln sich die Behälter in fruchtbare Beete.

Erbsen sät man mit einem Abstand von 5–6 cm und versenkt sie dann mit dem Finger etwa 3 cm tief in die lockere Erde der Kiste.

Seit Gärten stetig kleiner werden und der Wunsch nach selbst gezogenem Gemüse immer größer wird, kommen Gärtner auf allerlei Ideen, wie und wo Pflanzen wachsen könnten. Eine, die sich – nicht nur in Stadtgärten – immer mehr durchsetzt, ist der Gemüse- und Kräutergarten in Kunststoff-Gitterkisten. Zwar sehen bepflanzte Holzkisten und Jutesäcke netter aus, aber dem ungestümen Angriff der Bodenlebewesen halten sie nicht lange stand. Kunststoffbehälter dienen dagegen jahrelang und sind ungeheuer praktisch. »Eurokiste, durchbrochen«, so der korrekte Name, landläufig auch »Bäcker- oder Gitterkiste« genannt, gibt es in verschiedenen genormten Größen, die abgebildeten sind 60 × 40 cm lang und breit. Man bekommt sie im Baumarkt oder kann sie – in verschiedenen Farben – über das Internet bestellen. Aber auch Kisten anderer Maße taugen zum Gemüsebeet. Damit keine Erde herausrieselt und trotzdem Luft an die Wurzeln kommt, kleidet man die Kisten vor dem Befüllen am besten mit festerem schwarzen Mulchvlies (60 g/m²) aus. Man kann auch unbedruckte Pappe oder mehrere Lagen Zeitungspapier als Rieselschutz verwenden, das hält etwa ein Jahr lang.

So wird die Kiste zum Beet

- Die Kisten werden mit Mulchvlies ausgekleidet: Es lässt Wasser und Luft durch, hält aber die Erde (siehe S. 56).
- Mit helfenden Händen und Wäscheklammern geht es schnell.
- Soll eine einzelne Kiste mit Erde gefüllt werden, schneidet man den Vlies-Streifen für den Rand so breit, dass er am Boden umgeklappt werden kann.
- Das Vlies soll am oberen Rand bündig abschließen, damit die Erde beim Gießen nicht davonschwimmt.
- Als Boden wird ein passendes Vlies-Rechteck eingelegt.
- Sollen aufeinander stehende Kisten befüllt werden, bekommt nur die untere einen Boden. Die obere Kiste kleidet man lediglich an den Seiten mit einem Vlies-Streifen aus.

Einfach Gartenerde in die Kisten zu schaufeln funktioniert leider nicht, weil sie in sich zusammensackt und die Wurzeln buchstäblich nach Luft schnappen. Torffreie, organisch gedüngte Qualitätserde ist die ideale Füllung für Gemüse in Kisten. Mit etwas Glück gibt es in der Nähe ein Kompostwerk, das gute Erde preiswert zum Selbst-

abholen anbietet. Im ersten Jahr empfiehlt es sich, mehrere torffreie Substrate in verschiedenen Kisten zu testen und zu vergleichen, wie Kräuter und Gemüse gedeihen.

- Die Erde wird in die Kisten gefüllt und immer wieder mit flachen Händen festgedrückt.
- Sollen tiefwurzelnde Gemüse wie z. B. Tomaten wachsen, befüllt man zwei aufeinander gestapelte Kisten mit Erde.
- Dazu stellt man eine leere Kiste auf eine befüllte und lässt die Erde durch den Gitterboden rieseln.
- Die Erde gründlich mit den Händen in die untere Kiste streichen. Das verhindert, dass zwischen den Kisten erdefreie Luftlöcher bleiben.

Damit keine Erde herausrieselt, werden die Kisten mit Vlies ausgekleidet – je nach Bepflanzung nur ihr Rand oder auch der Boden.

- Die Kisten bis knapp unter den Rand füllen, beim Gießen setzt sich die Erde.
- Vor dem Pflanzen und Säen wässert man die Erde so lange, bis das Wasser langsam aus den Kisten tropft.

Was kommt in die Kiste?

Der Platz in der Kiste ist sehr begrenzt, deshalb lohnt es kaum, darin Gemüse anzubauen, die langsam wachsen und damit viele Wochen lang das Kistenbeet besetzen. Dazu zählen Kopfkohl, Wirsing, Lauch, Kartoffeln, Lagermöhren, Pastinaken, Blumenkohl, Brokkoli oder Kürbis. Geschickt ist es, sich auf schneller reifende Arten zu beschränken, die man so frisch oder so gut nur selten kaufen kann.

Mischkulturen sind in Kisten sinnvoll, damit der Platz über und in der Erde gut ausgenutzt wird, aber die Pflanzen dürfen

sich nicht bedrängen. Möhren und Dill lassen sich z. B. leicht von derberen Radieschen oder Petersilienblättern zur Seite drängeln.

Im Prinzip sät und pflanzt man in der Kiste nicht dichter als im gewachsenen Boden, die Gemüse sollen ja genauso groß werden. Gerät das Kistenbeet doch eimal zu beengt, kann man diesen »Fehler« bei einigen Kulturen einfach korrigieren: Man erntet jeden zweiten Spinat, jede zweite Rote Bete und jeden zweiten Salat, sobald sich die Pflanzen bedrängen. Auch Karotten und Rettiche können als Babys geknabbert werden. Die übrig bleibenden Pflanzen bekommen dadurch genügend Freiraum und Luft. Bei Fruchtgemüsen funktioniert das allerdings nicht. Bohnen, Erbsen, Gurken und vor allem die sonnenliebenden Tomaten, Paprika und Auberginen brauchen von Anfang an genug Spielraum, andernfalls fällt die Ernte mager aus. Ihre Sämlinge dürfen nicht in den Salat wandern.

Pflanz- und Saatideen

Wer sich die aufwendige Vorkultur sparen möchte, kauft so viele Jungpflanzen wie möglich und zieht lediglich besondere Sorten vor, die beim Gärtner nicht zu kriegen sind. Möhren, Erbsen und Bohnen werden direkt ins Beet gesät.

Im April kommen erst einmal die frostfesten Gemüse und Kräuter in die Kisten, etwa so:

- Kohlrabi könnte sich in einer Kiste mit Eissalaten abwechseln.
- Eine weitere Kiste könnten vorgezogene Rukola, Kerbel und Pflücksalate bevölkern, bis sie Mitte Mai von Tomaten, Chili und Paprika abgelöst werden.
- Eine dritte Kiste bietet etwa Platz für eine Reihe Radieschen in der Mitte und wird zu beiden Seiten flankiert von einer Reihe Frühmöhren.
- Oder man pflanzt einer Reihe vorgezogender Rote Bete mitten in eine Kiste. Im Mai werden rechts und links Buschbohnen dazu ausgesät.
- Auch zwei Reihen Erbsen mit Schnittsalaten davor sind denkbar.
- Kisten, in die ab Mitte Mai wärmeliebendes Gemüse, wie Zucchini und Stangensellerie, gepflanzt werden soll, haben bis dahin Platz für Pflücksalate und vorgezogenen Mangold.

Falls die Kälte kommt, kann man gebogene Weidenruten in die Kisten stecken und mithilfe von Wäscheklammern ein Foliendach über die Kisten ausbreiten.

Möhren und Radieschen, Rukola und Pflücksalat oder Erbsen und Schnittsalat: Diese und viele andere Kombinationen sind in Kisten denkbar.

Möhren aussäen

- Karotten gedeihen in Kisten besonders gut, schließlich verhindern weder schwerer Gartenboden noch Steine, dass sie ihre Wurzeln gerade in die Tiefe schicken.
- Mit den Fingern zwei Rillen ziehen, die maximal 2,5 cm tief sind. Zwischen den zwei Reihen sollte ein Abstand von etwa 20 cm sein.
- Saatband in die Rillen legen und mit etwas Erde bedecken, damit es beim Angießen nicht verrutscht. Saatbänder erübrigen später das Vereinzeln.
- Anschließend die Kiste gründlich gießen, damit die Samen quellen.

Frische Kräuter fürs Frühjahr

Der Anbau von Kräutern gelingt in Pflanzgefäßen ausgezeichnet, weil die meisten Gewürze mit relativ magerer Erde und engem Wurzelraum prima zurechtkommen. Petersilie, Schnittlauch, Rukola, Kerbel und Dill mögen – im Gegensatz zu mediterranen Hungerkünstlern – gleichmäßig feuchte und humose Erde. Sie gedeihen deshalb hervorragend in gekauftem Gemüsesubstrat, auch wenn es am Anfang noch etwas zu nahrhaft ist. Das erkennt man daran, dass die Kräuter rasant wachsen und große, sehr dunkelgrüne und etwas zu weiche Blätter ausbilden. Der Nährstoffüberschuss ist aber bald aufgebraucht, wenn man immer wieder einzelne Blätter erntet und die Kräuter eifrig neues Grün nachschieben.

Petersilie keimt sehr langsam, es empfiehlt sich deshalb unbedingt, Jungpflanzen zu kaufen. Man wählt aber nicht die Töpfchen mit den großen, fast schon erntereifen Blättern, sondern lieber solche mit kleinen Pflänzchen. Denn deren Wurzeln sind noch nicht miteinander verfilzt, was das Anwachsen erleichtert. Petersilie braucht mindestens 20 cm Platz um sich herum. Sie darf über Winter in der Kiste bleiben. Fällt er mild aus, kann man im Frühjahr das frisch sprießende Grün genießen. Die Pflanze wird erst weggeworfen, wenn sie zu blühen beginnt. Mit der Blüte verändert sich der Geschmack der Blätter.

Dem Kisten-Schnittlauch kneift man regelmäßig die Knospen aus, denn die Blüte raubt ihm viel Kraft. Das robuste heimische Gewächs bleibt über Winter draußen, im Frühling wird Schnittlauch geteilt und in frische Erde gesetzt.

Rukola und Kerbel sät man meist direkt in die Kisten aus. Am besten streut man vorher eine 5 cm hohe Schicht magerer Erde über den nährstoffreichen Unterboden, damit die zarten Keimwurzeln nicht »verbrennen«. Die Kräuter brauchen später etwa 5–10 cm Platz, zu dicht stehende Pflänzchen sollten rechtzeitig ausgezupft und verarbeitet werden.

Erbsen und Tomaten benötigen eine Kletterhilfe, an der sie emporwachsen können. Dazu bieten sich Weidenstöcke und spiralförmige Metallstangen an.

Sommer in der Kiste

Nach den Eisheiligen Mitte Mai dürfen Tomaten, Chili und Paprika in den Kistengarten umziehen, ebenso wie Stangensellerie- und Zucchini-Jungpflanzen. All diese Südländer brauchen Platz. Die Tomaten werden dort gepflanzt, wo zwei mit Erde gefüllte Gitterkisten übereinander gestapelt sind. Ihre Wurzeln können bis zu einem Meter Tiefe gründeln, um dort nach Wasser und Nährstoffen zu angeln. Die Erde in der unteren Kiste haben sie für sich allein. Sie trocknet auch an heißen Sommertagen nicht so schnell aus.

Damit sich die Neuen gut einleben, lockert man die Erde an den Pflanzstellen und reichert sie mit Wurmhumus an.

Nährstoff-Nachschub

Irgendwann sind die Nährstoffe der Kistenerde aufgebraucht, wegen des geringeren Wurzelvolumens meist etwas früher als im Bodenbeet. Das macht sich daran bemerkbar, dass die jüngeren Blätter kleiner und heller bleiben und das Wachstum insgesamt ins Stocken gerät. Dann wird es Zeit nachzudüngen. Flüssigdünger, etwa Brennnessel- und Beinwelljauche, liefern gezielt Nährstoff-Nachschub. Fein gemahlenes

Hornmehl oberflächlich in der Erde eingearbeitet, leistet ebenfalls gute Dienste. Grobe Hornspäne eignen sich nicht, denn sie geben ihre Nährstoffe zu langsam ab. Bis das Bodenleben sie zersetzt hat und sie für Pflanzen verfügbar sind, ist die Gemüsesaison vorbei.

Was die Ausbringungsmenge von organischen Düngern angeht, kann man sich an den auf der Packung angegebenen Mengen orientieren.

Alternativ kann man auch jederzeit eine daumendicke Lage gesiebten Kompost auf die Kistenerde streuen. Neben seiner milden Düngewirkung bereichert er die Fertigerde durch Bodenbakterien, die wiederum Nährstoffe für das Gemüse aufschließen.

Am besten Flüssigdünger

- Als veganen Powerdrink fürs Gemüse kann man organischen Flüssigdünger bezeichnen, der aus Vinasse hergestellt ist. Die klebrige, braune Flüssigkeit ist der Hauptbestandteil vieler Fertigdünger.
- Vinasse enthält vor allem Stickstoff und Kalium und ist das, was nach der Zuckerproduktion und der anschließenden Bierhefe-Herstellung vor der Zuckerrübe übrig bleibt.
- Selbstgebraute Brennnessel- und Beinwell- oder Kompostjauche liefern ihre Nährstoffe kostenlos. Allerdings ist die Geruchsbelästigung beim Gießen im wahrsten Sinne des Wortes umwerfend. Gemüse, das neben der Terrasse oder unter einem Fenster wächst, gießen die meisten Kistengärtner deshalb lieber mit Vinasse-Präparaten aus dem Handel, die nach Malz duften.
- Flüssigdünger werden schnell von den Wurzeln aufgenommen und lassen die üblichen Mangelerscheinungen rasch abklingen.

Wohlfühl-Tipps für Tomaten

- Unveredelte Tomaten pflanzt man bis zum untersten Laubblatt in die Erde. Am Stängel bilden sich dann mehr Wurzeln.
- Zu Füßen der Tomaten darf Basilikum Platz nehmen, die beiden vertragen sich nicht nur in der Küche gut.
- Die Pflanzen brauchen Halt, denn mit dicken Früchten behangen kippen sie bei jedem Windhauch um.
- Stützen und Stäbe drückt man so tief in die Erde, dass die unteren Enden das Bodengitter der Kiste durchstechen.
- In die sehr stabilen Metallspiralen lassen sich junge biegsame Tomatenstängel gut einfädeln.
- Immer so reichlich gießen, dass das Wasser auch die untere Kiste durchfeuchtet, und versuchen dabei, das Laub der Tomaten nicht zu benetzen.

Wer jeden zweiten Salat jung erntet, schafft Luft und Licht fürs Nachbargemüse.

Ohne Wässern geht's nicht

Wenn es ab Mai deutlich wärmer wird, trocknet die Erdoberfläche in den Kisten an sonnigen Tagen noch schneller aus als auf einem Bodenbeet. Dann muss nahezu täglich gegossen werden – am besten morgens, um keine Schnecken anzulocken. Solange die Pflanzen nicht schlapp über den Kistenrand hängen, sollen sie die Nacht ruhig ohne Getränke-Service aushalten, das härtet ab.

Torffreie Erde trocknet an der Oberfläche besonders rasch aus, während sie weiter unten meist noch feucht ist. Am besten bohrt man einen Finger ins Substrat, um zu prüfen, wie feucht es ist, bevor man zur Gießkanne greift. Außerdem kommt es auf die Ansprüche an: Mediterrane Kräuter sind weniger durstig als Tomaten und Zucchini.

Von Salaten und Mangold zupft man am besten immer wieder vorsichtig die ausgewachsenen Randblätter ab. Dabei hält eine Hand die Pflanzen fest, während die andere das Blatt nach unten knickt und abreißt. Von Kohlrabi und Roter Bete werden dagegen nur die jungen Blätter geerntet. Diese wandern dann entweder roh in den Smoothie oder in den Kochtopf.

Der Vorteil der maßvollen Einzelblatternte ist, dass der Ertrag am Ende höher ist als bei der einmaligen Ernte des ausgereiften Gemüses. Außerdem bleiben die Pflanzen auf diese Weise lange kompakt, und man kann sie von Anfang an etwas enger in die Kisten setzen.

Wenn im Juli die Erbsen abgeerntet sind, rupft man sie am besten nicht heraus, sondern schneidet die Wurzeln dicht unter dem Stängel mit einem Messer durch. Sicherlich lagert noch Stickstoff in den Knöllchen an ihren Wurzeln, und der kommt der nächsten Bepflanzung zugute.

Nachsaison im Kistengarten

Für die dritte Runde stehen die Endivien-Babys bereit. Auch Knollenfenchel, Chinakohl, Butterkohl, Wirsing, Grünkohl können bis Anfang August gepflanzt werden. Es macht nichts, wenn sie bis zum Winter noch nicht ausgewachsen sind. Denn der Kistengarten hat einen unschätzbaren Vorteil gegenüber einem Beet – man kann die Kästen samt Inhalt umstellen. Drohen die ersten Fröste, bietet sich die sonnige Hauswand als neues Quartier an, wo die robusten Gemüse noch weiterwachsen. Bis es kälter als −2°C wird, können sie dort auf ihren Einsatz in der Küche warten. Das ist mal eine neue Art, das Grünzeug wochenlang lebendig und knackfrisch zu erhalten.

Pflück- und Schnittsalat, Radieschen, Asia-Salate können bis Ende August in die Kisten gesät werden. Sechs bis acht Wochen später sind sie reif. Ab Ende August, wenn selbst die Roten Beten verspeist sind, werden die freien Plätze mit **Feldsalat, Spinat und Kubaspinat** besät. Die Blätter lassen sich nach und nach im Herbst und Winter genießen.

Kistenerde recyclen

Die Kistenerde ist nach einem intensiven Gemüsejahr ziemlich ausgelaugt, selbst wenn fleißig mit Brennnesseljauche oder organischen Flüssigdüngern nachgedüngt wurde. Sie ist vermutlich auch eine Handbreit in sich zusammengerutscht und ernährt nur noch Schwachzehrer, wie Erbsen, Bohnen, Salate und Staudenkräuter. Gärtner können die Erde aber wieder aufpeppen: Im Winter lässt man sie erst einmal kräftig durchfrieren. Im Frühjahr wird der Wurzelfilz gelockert und unverrottete dicke Wurzeln werden herausgesammelt. Dann mischt man frisch gekaufte **Gemüseerde** dazu und düngt mit gesiebtem, halb verrottetem und deshalb besonders nährstoffreichem **Kompost**. Der darf noch etwas stückig sein, soll aber schon gut duften. Der Kompost wird 2–3 cm dick auf die Kistenoberfläche geschaufelt und dann leicht eigearbeitet. Sollen Tomaten oder Starkzehrer wie Kohl gedeihen, streut man zusätzlich **Hornmehl** aus.

Wer keine Lust hat, neue Erde zu kaufen, kann stattdessen lehmige **Gartenerde** verwenden. Die Gartenerde muss aber mit lockernden Bestandteilen aufgewertet werden, damit die Wurzeln genug Luft zum Atmen haben. Sie wird mit feinem Blähton, Lavabruch oder Bimskies im Verhältnis 2 : 1 gemischt. Nach zwei bis drei Jahren gibt man die Kistenerde auf den Kompost.

Die Ernte aus einem gut durchdachten Kistergarten kann sich sehen lassen. Das macht die Gitterboxen zu einer tollen Beet-Alternative.

Im Obstgarten

Äpfel, Kirschen, Pflaumen, Beeren – mit der richtigen Sorten-
wahl und etwas Know-How schenken Bäume und Sträucher
ihren Gärtnern Jahr für Jahr viele feine Früchte.

Obstsorten für den Hausgarten

Äpfel, Birnen oder Trauben im Laden kaufen oder selbst anbauen? Das ist vor allem eine Frage des guten Geschmacks. Im Garten reifen die Früchte voll aus und jede Sorte bildet ihr unvergleichliches Aroma.

Bei Süßkirschen und Sauerkirschen hat sich ebenso wie bei Äpfeln in den vergangenen Jahrzehnten viel getan. Es gibt zahlreiche Sorten, die von Natur aus gesund wachsen und wenig Pflege benötigen.

Gärtner haben heutzutage die Qual der Wahl. Noch nie konnten sie aus einem so vielfältigen Angebot an Obstsorten wählen; zum einen aus einer Fülle alter Sorten, zum anderen aus neuen, die Züchter gesünder und widerstandsfähiger gegen Krankheiten gemacht haben. Auch geschmacklich steht die neueste Generation den alten mittlerweile in nichts mehr nach.

Vor allem beim Apfel ist die Auswahl riesig, und es lohnt sich vor dem Kauf eines Baumes, die Früchte zu probieren. Verkostungsangebote gibt es mittlerweile viele, selbst in Gartencentern und Baumschulen. Auch hinsichtlich anderer Punkte sollte man sich fragen, worauf es ankommt. So könnte entscheidend sein, ob eine Sorte

- **widerstandsfähig gegen Krankheiten** ist, etwa gegen Schorf beim Apfel oder Echten und Falschen Mehltau bei Trauben. Süßkirschen sollten Regenschauern standhalten, Sauerkirschen widerstandsfähig gegen Spitzendürre sein.
- **gut schmeckt**, sich zum Frischverzehr eignet und/oder zum Verarbeiten.
- **stabile Erträge** bringt.

- **robust ist** und mit jedem Gartenboden und regionalen Wetterbedingungen halbwegs gut zurechtkommen.

Nicht zuletzt beeinflussen auch die Lebensgewohnheiten und -umstände die Entscheidung für oder gegen eine Obstsorte. Verreist die Familie jährlich während der Sommerferien, verzichtet man besser auf Frühsorten. Der 'Weiße Klarapfel', aber auch viele Pflaumen reifen im August oder Anfang September. Nach der Rückkehr aus dem Urlaub wäre jedes Jahr eiliges Ernten angesagt. Zumal diese frühen Sorten frisch am besten schmecken, und die meisten sich allenfalls 1–2 Wochen lagern lassen. Die 'Hauszwetschge' dagegen reift spät, außerdem können die Früchte lange am Baum hängen bleiben, ohne an Qualität zu verlieren.

Wer nur Platz für wenige Obstbäume hat, entscheidet sich meist für neue Sorten, von denen viele von Natur aus robust und gesund sind. Denn in nassen Jahren beansprucht der Schorfpilz einen großen Teil der Apfelernte. Und auch aufgeplatze Kirschen, die schnell faulen, bereiten keine Freude, wenn der Ertrag ohnehin klein ist.

Topaz(s)

Gellerts Butterbirne

Katinka(s)

Äpfel, Birnen, Pflaumen, Kirschen, Trauben – neue, robuste Sorten gedeihen gut im Hausgarten und liefern zuverlässig jedes Jahr aromatische Früchte.

Apfel

Apfelbäume stehen nicht gern alleine im Garten, sie brauchen den Pollen einer benachbarten Sorte zum Bestäuben. In Wohnsiedlungen genügt es aber oft schon, wenn Nachbarn ebenfalls einen Apfelbaum pflanzen. Buschbäume benötigen nur wenig Platz, und man kann sie ohne Leiter abernten. In große Gärten passen Halb- und Hochstämme (z. B. 'Jakob Fischer'), die sich auch gut als Haus- oder Schattenbaum eignen. Robuste Sorten sind in der Regel widerstandsfähig gegen Schorf und Mehltau.

Neue Sorten:

'Gerlinde': pflückreif Ende August; hoher Ertrag; mittelgroße Früchte; süß, saftig; bis Dezember haltbar; widerstandsfähig gegen Schorf; etwas anfällig für Mehltau
'Santana': Anfang September; Ertrag mittel; große Früchte; süß, mildsäuerlich; haltbar bis März/April; nicht anfällig für Schorf; empfindlich für Mehltau
'Rubinola': Mitte September; Ertrag mittel; kleiner, roter Apfel; sehr guter Geschmack; haltbar bis Januar; nicht anfällig gegen Schorf

'Topaz': Oktober; hoher Ertrag; Früchte mittelgroß; saftig, süß mit milder Säure; sehr guter Geschmack; haltbar bis März; beste schorfresistente Sorte

Alte Sorten:

'Jakob Fischer': Anfang, Mitte September; guter Ertrag; große Äpfel; sehr guter Geschmack; haltbar bis Oktober; wenig anfällig für Schorf
'Goldparmäne': Ende September, Oktober; Ertrag mittel; mittelgroße Äpfel; sehr guter Geschmack; galt lange als der beste Apfel; uralte Sorte, die um 1500 entstand; haltbar bis Januar; mäßig anfällig für Schorf, Mehltau
'Roter Boskoop': Oktober; hoher Ertrag; große Früchte; saftig, säuerlich aromatisch; haltbar bis März; wenig anfällig für Schorf und Mehltau
'Roter Berlepsch': Ende September, Oktober; Ertrag mittel; mittelgroße Äpfel; fein säuerlich, aromatisch; haltbar bis Februar; wenig anfällig für Schorf

Birne

Um ihre Blüten zu bestäuben, benötigen Birnen den Pollen einer anderen Sorte. Ist die Befruchtung gesichert, tragen sie zuverlässig jedes Jahr. In der Nachbarschaft von Wacholder (der Gemeine Wacholder stellt keine Gefahr dar) sind die Blätter des Obstgehölzes meist mit Birnengitterrost infiziert.

Weit gefährlicher ist jedoch der Feuerbrand, der in manchen Regionen verbreitet ist. 'Williams Christ' ist hoch anfällig, wenig anfällig sind 'Alexander Lucas', 'Gute Luise' oder 'Gellerts Butterbirne'.

Neue Sorten:

'Harrow Sweet': pflückreif im September; hoher Ertrag; mittelgroße Birne; saftig, feines Aroma (ein Elternteil ist 'Williams Christ'); bis Oktober haltbar; wird nicht von Feuerbrand befallen
'Condo': Oktober; hoher Ertrag; große Frucht; saftig süß; haltbar bis Dezember; robust
'Uta': Oktober; süß aromatisch; saftig, guter Geschmack; haltbar bis Januar; wenig anfällig für Feuerbrand und Schorf
'Novemberbirne': Oktober; hoher Ertrag; große Früchte; saftig aromatisch; haltbar bis Dezember; robust; wenig krankheitsanfällig

Alte Sorten:

'Gellerts Butterbirne': September; guter Ertrag; saftig schmelzend; hält nur 1–2 Wochen; schorfanfällig; starkwüchsig; für rauere Lagen geeignet
'Gute Luise': September; guter Ertrag; mittelgroß; saftig; feinwürzig; haltbar bis Oktober; schorfanfällig
'Alexander Lucas': September; hoher Ertrag; saftig süß; haltbar bis Dezember; robust; gesund

Mirabelle von Nancy

Regina

Robustarebe® Muskat bleu

Pflaume & Zwetschge

Pflaume, Zwetschge und Mirabelle sind eine Obstart. Je nach Sorte haben sie große, kleine, runde oder ovale Früchte mit blauer, roter oder gelber Schale. Die meisten Sorten bestäuben sich selbst, einige, wie 'Große Grüne Reneklode' benötigen dagegen eine Befruchtersorte in der Nähe.

Neue Sorten:

'Katinka': reift bereits Ende Juli; hoher Ertrag; selbstfruchtbar; blaue Schale; geschmacklich die beste frühe Sorte; gutes Nasch- und Backobst

'Toptaste': Ende August; Anfang September; hoher Ertrag; selbstfruchtbar; große, blaue Frucht; guter Geschmack; Naschobst

Alte Sorten:

'Mirabelle von Nancy': Ende August, Anfang September; hoher Ertrag; selbstfruchtbar; sehr guter Geschmack

'Cacaks Fruchtbare': Anfang September; sehr hoher Ertrag; selbstfruchtbar; blaue Schale; Nasch- und Backobst

'Königin Viktoria': Ende August bis Mitte September; hoher Ertrag; selbstfruchtbar; große violette Pflaume; saftig aromatisch

'Hauszwetschge': September, Oktober; selbstfruchtbar; hoher Ertrag; dunkelblaue Frucht; würzig aromatisch; (Naschobst und zum Verarbeiten); robust

Kirsche

Süßkirschen können sich, von wenigen Ausnahmen abgesehen, nicht selbst befruchten, sondern brauchen einen passenden Partner. Wenn im Umkreis von etwa 20 m weitere Kirschbäume stehen, ist der Ertrag gesichert.

Wer sich für früh reifende Sorten entscheidet, erntet in der Regel madenfreie Früchte. Neue haben gegenüber alten Sorten wie 'Hedelfinger Riesenkirsche' oder 'Büttners Rote Knorpelkirsche' den Vorteil, dass sie meist schwächer wachsen und die Kirschen nach kurzen Regenschauern nicht so schnell aufplatzen. Bei Dauerregen ist allerdings keine Sorte dagegen gefeit.

'Meckenheimer Frühe': früheste Sorte; reift Anfang Juni; große, dunkle Herzkirsche; mittel platzfest; robust

'Burlat': reift sehr früh; mittlerer Ertrag; dunkelrote, sehr große bis mittelgroße, saftige Herzkirsche

'Celeste': selbstfruchtbar; reift früh; große Früchte

'Oktavia': guter Ertrag; mittelgroße bis große, dunkelrote Knorpelkirsche; süß aromatisch; platzfest

'Kordia': hoher Ertrag; dunkelrote, große Herzkirsche; guter Geschmack; platzfest

'Regina': hoher Ertrag; große, dunkelrote Knorpelkirsche; festes Fruchtfleisch; platzfest

Sauerkirschen bestäuben sich selbst. Die 'Schattenmorelle' ist anfällig für Spitzendürre (Monilia) und bildet lange Peitschentriebe, die nur an der Spitze Blätter tragen und blühen. Die neuen ertragreichen Sorten haben diese Unart nicht. 'Morellenfeuer' ist zudem wenig anfällig für Spitzendürre, kaum anfällig sind 'Achat', 'Morina' 'Safir'.

Tafeltrauben

Lange war der Weiße oder Rote 'Gutedel' die am häufigsten angebaute Tafeltraube. Sie ist jedoch anfällig für Mehltau. Mittlerweile gibt es ein großes Sortiment an pilzfesten Sorten, die früh reifen und auch außerhalb von Weinbauregionen gedeihen.

'Birstaler Muskat': weiß; reift Anfang bis Mitte September; große, locker angeordnete Beeren; guter, süß-würziger Geschmack

'Arkadia': weiß; reift Anfang bis Mitte September; sehr große, spitzovale Beeren; feines Aroma

'Muskat bleu': blau; reift Anfang bis Mitte September; sehr robuste Rebe; große Beeren; sehr aromatisch; beliebteste Tafeltraube

'Osella': blau; reift Mitte bis Ende August; sehr große, knackige Beeren; süß-fruchtig

'Ontario': blau; reift etwa Mitte September; sehr robuste Rebe; lange Traube mit großen, ovalen Beeren; süßes feines Aroma

'Venus': blau; reift ab Ende August; dünne Schale; süße, kernlose Beeren.

Beeren rund ums Jahr

Sich mit Erdbeeren, Himbeeren, Johannisbeeren oder Heidelbeeren selbst zu versorgen, gelingt selbst auf kleinen Flächen. Schon wenige Sträucher bescheren zuverlässig eine reiche Ernte.

Gibt es etwas Schöneres, als durch den Garten zu streifen, hier eine Himbeere in den Mund zu stecken, dort eine Stachelbeere »auszuschlürfen« und unsere Kinder nach Herzenslust Erdbeeren futtern zu lassen – ungewaschen versteht sich, man weiß ja, dass da keine Chemie dran ist? Beerenobst frisch vom Strauch schmeckt unübertrefflich gut – da können gekaufte Früchte einfach nicht mithalten, allein schon weil sie niemals so frisch wie die selbst gepflückten sind.

Johannisbeeren, Himbeeren, Heidelbeeren, Kiwi oder Trauber verwöhnen uns zudem mit hohen Vitamin- und Mineralstoffgehalten und liefern jede Menge Ballaststoffe. Biophenole halten uns Viren vom Leib, regulieren den Blutdruck, wirken antioxidativ und entzündungshemmend.

Wem es in den Fingern juckt, sich das ganze Jahr mit Früchten aus dem Garten zu versorgen, braucht keine großen Ländereien und keinen 30-Stunden-Tag. Die Sträucher und Kletterpflanzen gedeihen im kleinen Garten und lassen sich harmonisch in die Gestaltung einfügen, sei es als niedrige Obsthecke, als berankes Spalier oder als Topfpflanze.

Beerenobst ist robust und kommt mit wenig Pflege aus. Und für Gärtner, die es

so halten wollen wie die »Vögel unter dem Himmel«: Wildobst fühlt sich ohne ordnende Hand am allerwohlsten. Vor dem Einkauf in der Baumschule gilt es zu klären, welche und wie viele Beerenobstpflanzen man braucht, um rund ums Jahr eigene Früchte genießen zu können.

Wie viele Sträucher brauche ich?

Beim Beerenobst, das nicht wie Kartoffeln zu den Grundnahrungsmitteln gehört, kommt es nur darauf an, was der Familie am besten schmeckt. Es gibt welche, bei denen das Frühstücksbrot ausschließlich mit Johannisbeergelee bestrichen wird, da dürfen es durchaus zwei Sträucher pro Kopf sein. In anderen Familien sollen täglich Naschobst und frische Früchte fürs Müsli bereitstehen. Dafür reicht oft ein einziger Strauch pro Obstart, wenn man solche anpflanzt, die nacheinander reifen. In guten Jahren bleiben immer noch reichlich Früchte für Marmelade, Saft und Kuchen übrig.

Wer noch keine Erfahrungen mit Beerenobst hat, dem gibt die Tabelle auf S. 70 Anhaltspunkte für die Planung des Obstgartens. Zum Beispiel Heidelbeeren: Eine Schüssel mit 500 g Beeren reicht für eine

Beerensträucher sind so zuverlässig, dass jedes Jahr reichlich Früchte für Müsli, Marmelade und mehr anfallen.

große Blaubeer-Pfannkuchen-Mahlzeit für vier hungrige Schleckermäuler. Wenn die Familile jede Woche im Juli/August so viele Beeren nascht, bleiben bei drei Sträuchern immer noch genug Früchte übrig, um einige Marmeladengläser einzukochen und zwei, drei Beutel Beeren als Wintervorrat einzufrieren. Gleichzeitig reifen auch Himbeeren, frühe Brombeeren, Johannis- und Stachelbeeren. Sie liefern jede Menge Obst zum frisch Essen, Kuchen Backen, und Grütze und Kompott Einkochen –

besonders wenn die Sträucher wenige Jahre nach ihrer Pflanzung ausgewachsen sind und vollen Ertrag bringen.

Der richtige Platz

Beerenobst braucht sonnige Plätze, auch wenn wilde Himbeeren und Blaubeeren im schattigen Wald wachsen. Die meisten Beerensträucher kommen mit verschiedenen Bodenarten gut zurecht, besonders gerne wurzeln sie in lockerem, humosen

Untergrund. Das gilt besonders für Johannisbeeren, Himbeeren und Brombeeren. Man lockert den Boden einen Spatenstich tief mit einem weiten Radius von 1,5 m, denn die Sträucher wurzeln dicht unter der Bodenoberfläche.

Auch Maibeeren gedeihen in frischem, humosen Boden. Man braucht zwei unterschiedliche Sorten, die sich gegenseitig befruchten.

Erdbeeren werden alle 2–3 Jahre gerodet, und man setzt junge Pflanzen in ein neu-

Beeren für eine vierköpfige Familie

Arten	Erntezeit in Wochen	Mittlerer Ertrag pro Pflanze (kg)	Bedarf (kg)	So könnte die Ernte verwertet werden	Anzahl Pflanzen	Platzbedarf (m²)
Brombeeren	6–10	6–8	8	im August/September 1 Schüssel pro Woche, 5 Gläser Gelee, 4–6 Portionen Früchte tiefgefroren oder eingemacht	1	2–4
Erdbeeren	3–6	0,3–0,5	20	im Juni/Juli 3 Schüsseln frische Beeren pro Woche, 12 Gläser Marmelade, 8 Portionen Früchte eingefroren oder eingemacht	40	12
Himbeeren	4–5	0,6–0,8	8	im Juli 2 Schüsseln frische Beeren pro Woche, 12 Gläser Gelee, 3 Portionen Früchte tiefgefroren oder eingemacht	10–12	7
Herbsthimbeeren	8–10	0,6–1	7	im August–Oktober 1 Schüssel Beeren pro Woche, 5 Gläser Gelee, 4 Portionen Früchte tiefgefroren oder eingemacht	10–12	7
Rote und Weiße Johannisbeeren	2–6	3–5	12	im Juni–August ½ Schüssel Beeren pro Woche, 10 Gläser Gelee, 5 Flaschen Saft	2+1	6
Schwarze Johannisbeeren	2–5	3–5	8	im Juli ½ Schüssel frische Beeren pro Woche, 10 Gläser Marmelade, 3 Flaschen Saft	2	4
Mini-Kiwi	2–4	4–6	4–5	im Oktober/November 2 Schüsseln Kiwi pro Woche, 6 Gläser Marmelade, 2 Portionen Früchte eingefroren	2 (weibl., 1 männl.)	Spalier, Gerüst, 2 m hoch
Kulturheidelbeeren	4–6	2–3	7–8	im Juli/August 1 Schüssel Beeren pro Woche, 10 Gläser Marmelade, 4 Portionen Früchte eingefroren oder eingemacht	3	2,5
Stachelbeeren	3–4	2–4	5	im Juli 2-3 Schüsseln frische Beeren pro Woche, 4 Portionen Früchte tiefgefroren oder eingemacht	2	3
Weinrebe	2–3	5–10	5–10	August/September 2 Schüssel Trauben pro Woche, 2–6 Flaschen Saft	1	Wandspalier, Pergola

Wer frühe, mittlere und späte Sorten anpflanzt, hat eine lange Ernteperiode. Die Angaben zur Verwertung der Ernte sind Beispiele: Ein Glas enthält etwa 200 g frische Früchte. Etwa 5 kg Beeren ergeben eine Flasche Saft. Eine Schüssel Beeren und eine eingemachte oder eingefrorene Portion enthalten rund 500 g Früchte.

Frisch gepflückt, auf dem Kuchen oder als Marmelade: Erdbeeren, Stachelbeeren und Heidelbeeren machen alles mit. Wer die (geringen) Ansprüche der Pflanzen erfüllt, darf kräftig schlemmen.

es Beet. Es wird daher drei- bis viermal soviel Fläche benötigt, wie die Erdbeeren einnehmen. Salate und Gemüse besetzen in der Zwischenzeit die freien Beete. **Kulturheidelbeeren** wachsen langsam und werden bis 2 m hoch. Sie gedeihen nur in saurem Boden, weshalb Gärtner sie meist in große Kübel pflanzen (mindestens 80 cm Durchmesser und 60 cm hoch), die in den Boden eingesenkt sind oder auf der Terrasse stehen. Die Kübel füllt man mit Rhododendronerde oder mit einer Mischung aus Rindenhumus, feinem Holzhäcksel von Nadelbäumen, gewaschenem Sand und 1–2 Handvoll Hornspänen oder organischem Rhododendrondünger.
In solcher Erde gedeihen auch **Cranberries**. Wer sauren Boden im Garten hat, kann die Kriechpflanzen als Bodendecker neben Rhododendren setzen.

Weinreben nehmen mit magerem, trockenem Boden vorlieb, aber die Trauben schmecken nur süß und aromatisch, wenn sie an einem sonnigen, warmen Platz an der Hauswand reifen können. **Mini-Kiwis** sind dagegen im Halbschatten in frischer Gartenerde zufrieden. Beide Kletterpflanzen brauchen große, stabile Rankhilfen.

Beeren auf Vorrat

Eine Tiefkühltruhe ist für moderne Selbstversorger unerlässlich. Denn alle Beeren, die nicht sogleich verarbeitet werden sollen, lassen sich roh einfrieren. Im Winter kann man sie dann in Ruhe zu Marmelade, Saft und Gelee einkochen.
Bei Früchten, die nach dem Auftauen im Dampfentsafter landen, braucht man vor dem Einfrosten nicht einmal die Beeren von den Stielen zu streifen. Aufgetaute

Beeren sind zudem so weich, dass man sie ohne Kochen durch ein Sieb streichen kann. Tiefgefroren halten sich Farbe, Aroma und Vitamine der Beeren besser als eingekocht. Erdbeermarmelade, die im Winter aus tiefgefrorenen Früchten zubereitet wird, schmeckt deutlich besser als eine, die direkt nach der Ernte aus frischen Früchten gekocht wurde. Wer im Winter Beeren für Kuchen braucht, friert sie locker ausgebreitet auf Tabletts vor und füllt sie erst tiefgefroren in Tüten oder Dosen um. So kleben die Früchte beim Auftauen nicht zusammen.

Plan für einen Beerengarten

Sogar in einem kleinen Garten kann man sich mit Beeren selbst versorgen, wenn das Grundstück (im Bild 480 m² groß) mit vielen fruchtenden Sträuchern und die Hauswände mit Weinreben und Mini-Kiwis bepflanzt sind.
① Die Hecke zur Straße besteht aus robusten Wildgehölzen, wie **Apfelbeere**, **Kornelkirsche**

oder **Sanddorn**. Zu den weiblichen Sanddornsträuchern gesellt man eine männliche Befruchtersorte. In der Ecke wächst eine stattliche **Felsenbirne** oder eine **Haselnuss**, beide werden im Alter bis 4 m hoch.
② An der Ost- oder Westseite des Hauses gedeihen **Mini-Kiwis** an einem Wandspalier. Auch am stabilen Rosenbogen, der den Durchgang vom Eingangsbereich zum Garten überspannt, ranken die frostfesten und robusten Kletterpflanzen. Wer regelmäßig zur

Schere greift, hält sie im Zaum, besonders die männliche Befruchterpflanze wird zugunsten der Weibchen klein gehalten.
③ Eine mit **Wein** berankte Pergola beschattet die Südterrasse. Moderne, pilzfeste Sorten lassen süße Trauben auch in kühlen Gegenden reifen, vor allem wenn man eine frühe Sorte wählt.
④ Das **Erdbeer-/Kräuter-/Gemüsebeet** bekommt einen sonnigen Platz im Rasen. Alle 2–3 Jahre sollte man neue Erdbeerpflanzen in ein neues Beet setzen, um Krankheiten vorzubeugen.
⑤ Zwei **Holunder** beschatten den Komposthaufen. Die vielen Nährstoffe lassen die Sträucher rasch wachsen. Man lichtet sie deshalb regelmäßig kräftig aus.
⑥ **Kulturheidelbeeren** und **Cranberries** wachsen in Kübeln, die mit saurer, humoser Erde gefüllt sind. Die Kübel sind im Rasen eingesenkt, damit die Wurzeln im Sommer kühl und feucht bleiben und im Winter nicht so schnell durchfrieren.
⑦ **Maibeeren**, auch Juni- oder Honigbeeren genannt, sind im Mai/Juni die ersten reifen Früchte des Jahres. Die kleinen dunkelblauen Beeren schmecken ähnlich wie Heidelbeeren. Sie eignen sich als Naschobst.
⑧ **Himbeeren** bindet man am besten an einen Zaun oder ein niedriges Rankgerüst, damit sich ihre Ruten nicht unter der Last der Früchte zu Boden neigen.
⑨ Kompakte **Brombeersorten** wie 'Navaho' wachsen auch an kleineren Rankobelisken, alte Sorten wie 'Theodor Reimers' brauchen ein großes Gerüst, damit man Ordnung in ihre langen, dornigen Triebe bringen kann.
⑩ An sonnigen Gartengrenzen stehen **Johannis-** sowie **Stachelbeerbüsche** und bilden eine niedrige, lichte Hecke zum Nachbarn. Wer diese Beeren als Hochstämmchen kauft, kann den Boden zu ihren Füßen locker mit niedrig wachsenden Sommerblumen oder mit Bodendeckerstauden bepflanzen. Dann muss allerdings mehr gedüngt und bei Trockenheit gewässert werden.
⑪ Eine **Strauchrose**, die große Hagebutten hervorbringt, z. B. 'Pillnitzer Vitaminrose' oder eine Apfelrose, bildet einen blühenden Blickpunkt vor der Terrasse. Aus den Hagebutten lässt sich eine vitaminreiche Marmelade bereiten.

Die Erntezeit bewährter und moderner Beerenobst-Sorten

Art/Sorte	Mai	Juni	Juli	August	Sept.	Okt.	Bemerkungen
Maibeeren							
Amur, Maistar, Mailon	■						mindestens 2 Sorten pflanzen
Erdbeeren							
Honeoye, Primera		■					frühreifende Sorten mit gutem Aroma
Polka, Tenira, Korona		■					bewährte, robuste Sorten
Mieze Schindler, Lambada		■					'Mieze Schindler' braucht eine Befruchtersorte
Mara des Bois			■	■			mehrmals tragend, Walderdbeer-Aroma
Weiße Johannisbeere							
Weiße Versailler		■					klassische weißfrüchtige Sorte
Rote Johannisbeeren							
Jonkheer van Tets		■					bewährte Frühsorte, Blüte spätfrostgefährdet
Rovada			■				große Früchte, lange Trauben
Heinemanns Spätlese			■				alte Sorte, wüchsiger Strauch
Schwarze Johannisbeeren							
Bona, Veloy		■					große Beeren mit mildem Aroma
Titania			■				wüchsig, robust gegen Mehltau, Gallmilben, Rost
Ometa			■				große Beeren, süßes Aroma
Sommerhimbeeren							
Meeker			■				luftiger Standort und weite Pflanzabstände als Vorbeu-
Rubaca, Schönemanns			■				gung gegen Pilzkrankheiten
Stachelbeeren							
Remarka (rot), Invicta (gelb)			■				mehltauresistent
Redeva, Captivator (rot)			■				'Captivator' ist fast stachellos
Kulturheidelbeeren							
Duke, Patriot			■				selbstfruchtend, aber besserer Ertrag, wenn verschie-
Bluecrop, Goldtraube			■	■			dene Sorten vorhanden, saurer Boden nötig
Brombeere							
Navaho Bigandeary			■	■			dornenlos, nicht rankend, aufrechter Wuchs
Loch Ness				■	■		dornenlos, lange Ranken
Theodor Reimers				■	■		alte Sorte mit bedornten Ranken, gutes Aroma
Herbsthimbeere							
Himbotop, Polka				■	■		keine Maden, nicht anfällig für Rutensterben
Holunder							
Haschberg, Sampo				■			große Fruchtdolden, gleichmäßige Reife
Weinreben							
Frumosa Alba, Muskat Bleu					■		robust, Trauben mit gutem Geschmack
Tonia, Romulus					■		kernlose Trauben, für warme Lagen
Mini-Kiwi							
Weiki					■		eine männliche Befruchterpflanze (z. B. 'Nostino') nötig
Maki					■		rotschalig
Jenny						■	selbstfruchtbar, kleine Früchte, sehr späte Reife
Issai					■	■	selbstfruchtbar, leichter Winterschutz erforderlich

Gut Kirschen-Essen

Die süßesten Früchte hängen in Nachbars Garten?
Mit einem eigenen Kirschbaum lässt sich das leicht ändern.

Die Bestäubung läuft bei Süßkirschen nicht immer reibungslos. Milde Winter und kalte Nächte während der Blüte erschweren den Pollen das Keimen.

Süßkirschen (*Prunus avium*) bilden mächtige Bäume, die in guten Jahren zentnerweise Kirschen liefern. Wenn der Winter frostig kalt war, fällt die Ernte besonders üppig aus. Die Bäume blühen dann nämlich oft viel stärker als nach milden Wintern. Scheint während der Blütezeit obendrein die Sonne und liegen die Temperaturen auch nachts deutlich über 0 °C, kommen die Bienen ob der Blütenfülle mit dem Pollensammeln kaum hinterher. Die meisten Süßkirschen-Sorten benötigen den Pollen einer anderen Sorte, um bestäubt zu werden. Die wenigen selbstfruchtbaren lassen meist deutlich kleinere Früchte reifen als selbstunfruchtbare. Wildkirschen sind in unseren Breiten heimisch. Die großfruchtigen Süßkirschen verdanken wir den römischen Soldaten, die sie auf ihren Eroberungszügen über die Alpen mitbrachten. Man unterscheidet zwischen den weichen, saftigen Herzkirschen – sie liefern vorzüglichen Kirschsaft – und den Knorpelkirschen mit etwas festerem Fruchtfleisch. Die besten Sorten für den Hausgarten stehen auf S. 67. Sauerkirschen (*Prunus cerasus*) gehören einer anderen Art an als Süßkirschen. Sie gelten im Garten als anspruchslos und pflegeleicht. Ihre Früchte isst man selten roh, sie eignen sich mehr zum Einkochen oder als Kuchenobst.

Der Weg von Blüte zu Frucht

Süßkirschen gelten im Gegensatz zu ihren Verwandten, den Sauerkirschen, als leicht zickig, was die Bestäubung betrifft.

- Sie sind **Fremdbestäuber**, sind also auf eine zweite Sorte in ihrer Nähe angewiesen. Der zweite Baum sollte nicht weiter weg stehen als 20 m, weil andernfalls der Pollentransport von Baum zu Baum und damit der Ertrag zu wünschen übrig lässt.
- Sie bilden zwar verschwenderisch viel Pollen, aber bei manchen Bäumen und in manchen Jahren sind **bis zu 70 % der Pollen keimfaul**.
- Die Vitalität der Pollen wird unter anderem durch die **Wintertemperaturen** beeinflusst. Kalte Winter haben einen positiven Einfluss auf die Blüte und das Einwachsen des Pollens in die Narbe.
- Süßkirschen blühen zeitig im Jahr. **Bienen verlassen aber erst bei Temperaturen ab 10 °C den Stock**. Bei kälterer Witterung übenehmen Hummeln den Pollentransport, die auch bei niedrigeren Temperaturen fliegen.
- Kalte Nächte lassen zwar die Nektarquelle sprudeln, doch **bei Temperaturen um 0 °C ist der Pollen inaktiv** und wächst nicht in die Narbe ein.

Die Frühen frisst der Star, die Späten die Made

Nicht nur Menschen lieben Kirschen, sondern auch viele Tiere. Einen beträchtlichen Teil der Ernte holt sich die Kirschfruchtfliege: Ihr Nachwuchs ist der berühmte »Wurm« in der Kirsche. Die Weibchen legen ihre Eier (40–60) in jenem Zeitraum einzeln an die Früchte, wenn die Fruchtfarbe von Gelb in Rot umschlägt. Vor allem in trockenen Jahren ist der Befall hoch. **Frühe Sorten**, etwa 'Burlat', 'Kassins Frühe', 'Celeste', 'Johanna', tragen meist

schon rote Früchte, wenn die Fliegen von Ende Mai bis Anfang Juli nach einer Kinderstube Ausschau halten. Diese Sorten bleiben deshalb weitgehend madenfrei. Die frühen Sorten sind allerdings bei Vögeln besonders beliebt. **Amseln, Stare** und andere fallen gierig über die ersten Kirschen her, kaum dass sie ausgereift sind. Dieser Vorliebe verdankt die Süßkirsche auch ihren botanischen Nachnamen *avium* (lat. Vogel).

Einnetzen ist nur bei kleinen Bäumen möglich. Bei großen Bäumen bleibt dem Gärtner nichts anderes übrig, als sich in Gelassenheit zu üben und zu teilen.

Büttners Rote Knorpelkirsche

Interessantes Kirschwissen

Himmelsstürmer

Die Süßkirsche stammt von der Vogelkirsche (*Prunus avium*) ab. Wilde Vogelkirschbäume erreichen mühelos schwindelnde Höhen von 15–20 m, freistehende sogar von über 30 m. Sauerkirschen (*Prunus cerasus*) bringen es auf maximal 10 m.

Süße Leckerei

Pflanzen belohnen Insekten und andere Tiere, die ihre Blüten bestäuben mit Nektar. Bei Süßkirschen fließt der Nektar nicht nur reichlich in der Blüte, sondern auch an den Blattstielen. Dort sitzen Drüsen, die Nektar abscheiden. Zu den eifrigsten Besuchern dieser Saftbar zählen Ameisen, die zum Verdruss des Gärtners häufig Schwarze Kirschblattläuse auf die Bäume schleppen. Die Läuse saugen Pflanzensaft und scheiden Honigtau aus, auf den die Ameisen ebenfalls wild sind.

Haute Cuisine

Im Mittelalter waren Kirschen Luxus, den sich nur Reiche leisten konnten. Früher hieß es: Wer mit Herren Kirschen essen will, dem werfen sie die Stiele in die Augen. War mit einem Herren nicht gut Kirschen essen, bespuckte er Kirschenbettler mit den Steinen. Wie gut, dass heute jeder Gärtner einen eigenen Kirschbaum pflanzen kann.

Stiele lindern Husten

Früher warfen die Menschen die Stiele nicht achtlos weg, sondern sammelten und trockneten sie auf dem Kachelofen. Zu Tee aufgebrüht, nach Belieben mit Honig gesüßt und schluckweise getrunken, lindern sie Husten und lösen den Schleim in den Bronchien.

Pflücken ohne Risiko

Die Suche nach kleinwüchsigen Süßkirschenbäumen hielt Gärtner viele Jahrhunderte auf Trab. Denn tödliche Stürze waren früher bei der Kirschernte leider keine Seltenheit. In alten Büchern findet man Hinweise auf niedrige Bäumchen, doch diese Sorten und Unterlagen gingen im Laufe der Jahrhunderte verloren. Erst seit wenigen Jahrzehnten ist das Ernten ohne Leiter möglich. Die kleinen Bäume sind auf Kirschunterlagen veredelt, die Namen tragen wie 'Gisela' oder 'Weiroot'. Von diesen 3–4 m hohen Mini-Kirschbäumen passen leicht zwei oder mehrere in einen Garten. Der Mindest-Pflanzabstand zwischen ihnen beträgt 3–4 m.

In Baumschulen und Gartencentern ist die Auswahl an Süßkirschsorten, die auf diese schwachwachsenden Unterlagen veredelt sind, sehr groß.

Pflanzzeit für Kirschbäume ist im Herbst oder im zeitigen Frühjahr, sobald der Boden frostfrei ist. Kirschen bevorzugen einen lehmig-humosen, leicht kalkhaltigen, gut durchlüfteten Boden. Er sollte warm und nicht zu nass sein. An kalten, feuchten Standorten kränkeln Kirschen, aus Wunden am Stamm quillt klebriger Saft, den Gärtner Gummifluss nennen.

Die Bäume bevorzugen einen sonnigen Platz, an dem der Wind ungehindert durchstreichen kann und sie nach Regen schnell abtrocknen. Dann haben Pilze wenig Chancen, den Baum zu befallen. In nassen Jahren wächst der Monilia-Pilz über die Blüte in den Zweig ein. An befallenen Zweigen welken die Blätter, der Zweig stirbt ab. In diesem Fall hilft nur ein radikaler Rückschnitt der kranken Partien.

Wenn die Früchte fallen

Im Frühsommer bleibt ein Teil der jungen Kirschen im Wachstum zurück, färbt sich rot und fällt ab. Hinter diesem Röteln, so nennen Fachleute das Phänomen, steckt weder ein Pilz noch ein Insekt, sondern der Selbsterhaltungstrieb des Kirschbaums. Denn in guten Jahren werden deutlich mehr Blüten bestäubt, als der Baum Früchte ernähren kann. Deshalb lässt er einen Teil der Früchte am ausgestreckten Ast verhungern, wobei in der jungen Kirsche zwischen Fruchtfleisch und Samen ein Kampf um die knappen Nährstoffe stattfindet. Gewinnt das Fruchtfleisch, bleibt die Kirsche am Baum und wächst weiter. Gewinnt der Stein, saugt er die Nährstoffe auf, wächst und härtet aus, doch das Fruchtfleisch vertrocknet und die Kirsche fällt ab. Dieser Fruchtfall tritt immer Ende Juni auf, denn während der Phase der Steinhärtung, die Mitte Juni beginnt, benötigt der Same besonders viele Nährstoffe. Wissenschaftliche Untersuchungen zeigten: Wurden die Früchte während dieser kritischen Phase mit Zuckerlösung versorgt, fielen deutlich weniger Früchte dem Röteln zum Opfer.

Wie viele Früchte röteln und abfallen, hängt unter anderem von der Witterung und der Sorte ab. Das Röteln wird begünstigt durch:

- zu wenig Sonne
- kühles Wetter
- kalten, nassen Boden
- schlecht durchlüfteten, verdichteten Boden
- Nährstoffmangel
- Befall mit Schädlingen, wie Läusen oder Kirschblattwespe
- sonstigen Stress

Im Juni entscheidet sich, welche Früchte der Kirschbaum vorzeitig abwirft.

Regen während der Blütezeit begünstigt das Auftreten von Monilia-Spitzendürre.

Gesundes Wildobst

Die wilden Früchtchen sind zwar klein, doch sie haben es in sich.
Mit Vitaminen und weiteren gesunden Stoffen übertrumpfen sie
ihre »großen« Geschwister um ein Vielfaches.

Wildes Obst – viel Gestrüpp und wenig Obst, halt was für Vögel, hieß es bis vor wenigen Jahrzehnten. Dann entdeckten Forscher beeindruckend viel Vitamin C in den Früchten vieler Wildarten, das zudem vor schneller Zerstörung durch Hitze und Luft (Sauerstoff) geschützt wird. Fruchtsäuren umgeben es und bewahren es vor dem Zerfall. Außerdem kümmern sich hitzestabile Carotinoide und Biophenole (Flavonoide) um die gefährlichen Radikale, die auf das wertvolle Vitamin einhageln.

Bunte Schutzstoffe

Mitglieder dieser Biophenol-Schutz-Truppen verleihen den Beeren auch ihre kräftige Farbe. Vor allem für die roten und dunklen Stoffe (Anthocyane) interessieren sich die Wissenschaftler neuerdings, weil sie als besonders aufgeweckte Radikalenfänger gelten. Studien lassen vermuten, dass sie das Risiko mindern, an Herzleiden, Diabetes, Krebs oder Demenz zu erkranken. Sie senken den Blutdruck und Cholesterinspiegel. Weltweit sind Forscher damit beschäftigt, Kornelkirsche, Schlehe oder Hagebutte ihr gesundes Geheimnis zu entlocken. Alles deutet darauf hin, dass es sich lohnt, das wilde Obst in den Garten zu holen.

Gute Gründe für wilde Beeren

- Wildobst liefert gesunde, vielseitig verwertbare Früchte.
- Es ist in unseren Breiten heimisch und übersteht Winterkälte besser als viele Ziergehölze, die aus fremden Regionen eingeführt wurden.
- Wildobst ist pflegeleicht, anspruchslos und anpassungsfähig. Es stellt geringe Ansprüche an Boden und Klima.
- Es wird kaum von Schädlingen und Krankheiten befallen.
- Wildobst benötigt wenig Dünger, der Schnitt ist einfach und gelingt selbst gärtnerischen Laien.
- Blüten, Früchte, Blätter, Rinde und Zweige sind dekorativ und sehen rund ums Jahr gut aus. Die Gehölze machen sowohl einzeln, in Gruppen als auch als Hecke gepflanzt eine gute Figur.
- In den vergangenen Jahrzehnten sind viele Wildgehölze aus der freien Natur verschwunden. Durch die Pflanzung im Garten trägt man aktiv zum Naturschutz bei.
- Wildobst steckt voller Leben: Es bietet vielfältigen Lebensraum für Insekten, Vögel und kleine Säugetiere.
- Im Gegensatz zu hochgezüchteten Arten sind die Wildgehölze erschwinglich.

Fruchtsäuren schützen das Vitamin C in vielen Wildbeeren vor dem Zerfall bei Hitze – etwa während des Marmelade-Kochens.

① Die Kornelkirsche

Die Früchte reifen nach und nach ab August bis September. Die **dunkelroten Beeren** werden geerntet, wenn das Fruchtfleisch weich ist und sich leichter vom Kern löst. Überreife Kirschen fallen ab. Kornelkirschen enthalten hohe Mengen an Anthocyanen, Flavonoiden, Mineralstoffen, **60–120 mg Vitamin C** pro 100 g. Roh schmecken die Früchte herb-sauer. Sie werden meist getrocknet oder verarbeitet zu Kompott oder Marmelade, zu Saft, Gelee oder Sirup. Laut neueren Studien beugen die Anthocyane in Kornelkirschen Zivilisationskrankheiten, wie Bluthochdruck, Diabetes oder Übergewicht, vor.

② Die Hagebutte

Ihre Früchte enthalten von allen heimischen Wildobstgehölzen am meisten **Vitamin C**, satte **800–2000 mg** pro 100 g. Das hitzeempfindliche Vitamin ist selbst in kleinen Mengen noch in Hagebuttentee und -marmelade aktiv, geschützt von Flavonoiden und Fruchtsäuren.
Carotinoide, darunter Lycopin, färben das Fruchtfleisch orange, **Anthocyane**, die Schale leuchtend rot. Hagebutten lassen sich trocknen und später zu Tee aufbrühen, zu Hiffenmark oder Hagebutten-Mus verarbeiten. Die Früchte wilder Rosen stärken das Immunsystem, sie beugen Erkältungen vor und wirken positiv auf Blase und Niere.

③ Die Brombeere

Schwarz ausgereifte Brombeeren bersten nahezu vor **Anthocyanen**. Wilde Brombeeren haben viel kleinere Früchte als die Kultursorten, und sie schmecken weniger saftig. Die gezähmten Sorten aus dem Garten können jedoch bei den Inhaltsstoffen mit den wilden mithalten, deshalb braucht man zum Sammeln nicht in die freie Natur zu gehen. Brombeeren enthalten **Fruchtsäuren** und **Carotinoide** wie Lutein. Die Beeren bilden **10–20 mg Vitamin C** pro 100 g. Studien deuten daraufhin, dass die Beeren eine positive Wirkung zeigen bei der Vorbeugung von Übergewicht und Diabetes.

④ Der Holunder

Er enthält viele Mineralstoffe, Fruchtsäuren, ätherisches Öl, Vitamine und besonders viele **Anthocyane**. Der Saft, den man durch Dampfentsaften der tiefschwarzen Beeren gewinnt, beugt **Erkältungen** und Fieber vor und hilft selbst an **Grippe** Erkrankten wieder auf die Beine. Holunder stärkt die Abwehrkräfte, er wirkt schweißtreibend und löst festsitzenden Schleim in den Bronchien. Roh sind die Beeren nicht genießbar, denn sie enthalten einen Stoff, der Übelkeit, Erbrechen und Durchfall auslöst und durch Hitze zerstört wird. Holunderfrüchte liefern **160–180 mg Vitamin C** pro 100 g.

⑤ Die Berberitze

Die kräftigen Dornen erschweren die Ernte, doch davon haben sich unsere Vorfahren nicht abhalten lassen. Sie verarbeiteten die kleinen Früchte zu Marmelade oder trockneten sie als Wintervorrat. Die Beeren liefern **140–180 mg Vitamin C** pro 100 g. Für den sauren Geschmack sind zudem **Fruchtsäuren** wie Äpfelsäure verantwortlich. **Anthocyane** färben die Beeren scharlachrot. Berberitzen stärken die Abwehr und beugen Erkältungen vor. Sie kurbeln die Verdauung an und wirken Darmentzündungen entgegen. Berberitze gilt auch als Hirnnahrung und soll Demenz vorbeugen.

⑥ Die Vogelbeere

Die roten Früchte sind bei Drosseln, Kleiber, Rotkehlchen und zahlreichen anderen Vögeln äußerst beliebt. Die Beeren enthalten 100–220 mg Vitamin C pro 100 g sowie Sorbinsäure, einen süß schmeckenden Stoff, den Diabetiker gut vertragen. Ihr intensives Rot verdanken sie Carotinoiden, darunter Provitamin A. Den leicht bitteren Geschmack verlieren Vogelbeeren nach den ersten Frösten oder beim Kochen. Getrocknete Früchte werden in der traditionellen Medizin bei Magenverstimmungen eingesetzt. Verarbeitet schmecken sie als Kompott, Marmelade oder kandiert.

⑦ Der Sanddorn

Die sparrigen Gehölze mit den silbergrauen Blättchen trumpfen mit 800–1200 mg Vitamin C pro 100 g auf. Außergewöhnlich hoch ist auch ihr Gehalt an Carotinoiden, darunter Provitamin A und (Augen-)Schutzstoffen, wie Lutein und Lycopin. Sie färben die Früchte intensiv orange. Die Beeren zählen zu den wenigen Früchten, die große Mengen Öl und Vitamin E enthalten. Sanddorn fördert die Wundheilung, schützt Haut und Augen vor Schäden durch UV-Licht, beugt Erkältungen vor und stärkt das Immunsystem. Die Beeren schmecken als Saft, Pulpe oder Fruchtaufstrich.

⑧ Die Schlehe

Wie die dunkelblaue Fruchtfarbe schon verrät, bildet sie ungewöhnlich große Mengen an Anthocyanen und Gerbstoffen. Diese schützen vor Krankheiten und Schädlingen. Beim Menschen wirken sie adstringierend, sie fördern die Verdauung und beruhigen den Magen. Nach den ersten Frösten im

Herbst baut der Strauch etwa die Hälfte der herbsauren Gerbstoffe ab, wodurch die Beeren in kleinen Mengen auch roh genießbar sind. 100 g Schlehen speichern etwa 50 mg Vitamin C. Schlehensaft oder Mus beugt Erkältungen vor und stärkt das Immunsystem.

⑨ Der Weißdorn

In der traditionellen Medizin werden Blüten und Früchte des Weißdorns schon seit der Antike verwendet. Die mehligen, süß-säuerlichen Beeren punkten mit reichlich Anthocyanen, Gerbstoffen und Rutin, das sich positiv auf Blutgefäße und Darm auswirkt. Weißdorn lindert Herzschwäche, er verbessert die Durchblutung, wodurch der Herzmuskel mehr Sauerstoff erhält. Die Beeren liefern 80–200 mg Vitamin C pro 100 g. Sie senken den Blutdruck und schützen die Augen vor UV-Licht (Makuladegeneration). Die Früchte verarbeitet man zu Mus oder Kompott, getrocknet eignen sie sich für Tee.

⑩ Die Apfelbeere

Die Apfelbeere oder Aronia wächst in unseren Breiten nicht wild, doch die Amerikanerin ist gerade dabei, den Sprung in die heimischen Gärten zu schaffen. Aroniabeeren reifen ab August. Sie enthalten mehr Vitamin C als ein Apfel, 20–50 mg pro 100 g und ein Vielfaches an blauschwarzen Anthocyanen als anderes Wildobst. Diese sitzen vor allem in der Beerenhaut und schützen die Frucht vor UV-Strahlung. In ersten Studien stellte die Aronia ihr Können eindrucksvoll unter Beweis. So senkte sie unter anderem den Cholesterinspiegel, sie soll Darmkrebs, Herzkrankheiten und Leberversagen vorbeugen.

Im Naturgarten gestalten

Wenn die Natur im Garten zu Hause ist, tobt vor der Tür das pralle Leben. Und oft ist weniger mehr, damit Igel, Vögel, Bienen, Eidechsen, Frösche, Blindschleichen und Menschen sich gleichermaßen wohlfühlen.

Gärtnern für die Natur

Die Bandbreite eines naturnahen Gartens reicht von
kreativer Unordnung bis zur liebevoll angelegten Wildnis.

Tagfalter wie dieser Bläuling fliegen auf
Blüten in Violett- und Rosatönen.

Mensch, Tier und Pflanze, mehr
oder weniger friedlich vereint
– das ist der alte Menschheits-
traum vom Paradies. In einem Naturgarten
soll ein kleiner Zipfel der großen Idee
Wirklichkeit werden. Es geht darum, Tieren
sowie Wildpflanzen, die sich auf Äckern,
gedüngten Wiesen und in düsteren Fichten-
wäldern nicht zurechtfinden, ein beschei-
denes neues Refugium anzubieten. Dafür
richten Biogärtner ihnen den ganzen Garten
oder einen Teil des Grundstücks wohnlich
ein, und als Dank lassen sie sich aus
nächster Nähe beobachten, hören, riechen,
schmecken. Jeder Gartentag hält Überra-
schungen bereit, sei es ein Stieglitz, der an
schwankenden Distelstängeln turnt, oder
eine Rosette mit eigenartig pieksigen Blättern, die in einer Plattenfuge erscheint.

Einfach mal nichts tun

Ganz wesentlich für die Gestaltung eines
naturnahen Gartens ist die Einstellung
seiner zweibeinigen Bewohner. Nur wer
dem Fink samenstrotzende Disteln anbietet, lockt ihn auf Dauer, und nur wer die
eigenartige Pflanze blühen lässt, wird ihren
Namen erfahren. Leben und leben lassen
und dort behutsam eingreifen, wo sich ein

Mitglied der Gemeinschaft auf Kosten anderer zu breit macht, gilt als Quintessenz
des naturnahen Gärtnerns.
Größe und Lage des Grundstücks und die
Wünsche seiner Bewohner entscheiden
darüber, wie viel Raum dem Naturerlebnis
gewidmet wird. Eine hohe **Wildhecke**,
in deren Laub Igel rascheln und in dessen
dichtem Gezweig Vögel nisten, braucht
enorm viel Platz. Im Handtuchgarten
begnügt man sich vielleicht mit niedrigem
Gesträuch aus Zimtrose, Buchs und Zwerg-
liguster, hängt **Vogelnistkästen** an die
Hauswand und überlässt dem Stacheltier
einen **Reisighaufen**, statt alles picobello
aufzuräumen. Tobende Kinder und eine
wogende **Wildblumenwiese** sind kein
gutes Team. Wer stattdessen ein blühendes
Wildstaudenbeet anlegt, sorgt für die Wildbienen und erhält den Familienfrieden.
Welche Naturoasen mit wenig Aufwand im
Garten eingerichtet werden können, hängt
davon ab, wie der Boden und das Klein-
klima beschaffen sind. Wo in Häuser-
schluchten viel Schatten fällt, gedeihen
Waldrandstauden, aber keine Heide. An
einem trockenen Südhang ist der Bau eines
Teiches unglaublich aufwendig, nicht aber
das Aufschichten einer **Trockenmauer**,
die eine duftende und summende Lebens-
gemeinschaft beherbergt.

Trockenmauern werden ohne Mörtel oder anderen Kitt aufgeschichtet. In den Steinfugen finden Eidechsen, Mäuse und andere Tiere Unterschlupf.

Der Naturgarten als großer Wurf

Mit der Hilfe eines naturnah arbeitenden Landschaftsgärtners lässt sich ein Grundstück zum Naturerlebnisgarten mit verschiedenartigen Biotopen umgestalten:

- Einen großen Teich mit Sumpfzonen anlegen.
- Den Swimmingpool zum Schwimmteich umbauen.
- Oberboden abtragen und eventuell Kies oder Sand aufbringen, um eine Magerwiese auszusäen.
- Bepflanzte Steinwälle als Grundstücksgrenze anlegen.
- Mutterboden wegfahren und auf dem unkrautfreien und mageren Unterboden Wildpflanzen wachsen lassen, eventuell unkrautfreien Kies oder Sand einarbeiten.
- Bäume pflanzen, Wildsträucherhecken mit Wildstaudensäumen anlegen.
- Das Gelände stark modellieren, um Höhenunterschiede und verschiedene Biotope einzurichten.

Naturnahes Startpaket

Mit wenig Aufwand und auf kleinstem Raum lassen sich eine ganze Reihe von Naturelementen im Garten einrichten:

- Vogelnistkästen, Fledermauskästen anschaffen.
- Strohbündel und Holzklötze mit Bohrlöchern für Wildbienen an warmen Wänden aufhängen.
- Im Herbst Staudenstängel und Samenstände als Vogelnahrung und Unterschlupf für Insekten stehen lassen.
- Einen Steinhaufen in der Sonne mit vielen Hohlräumen für Eidechsen, Frösche, Mäuse und Igel aufstapeln.
- Wilde Ecken mit Brennnesseln oder Disteln als Raupenfutterpflanzen wachsen lassen oder sogar extra anlegen.
- Wildkräuter in Plattenfugen und – mit Augenmaß – auch in den Beeten stehen lassen.
- Rasen nicht düngen, Blumen darin wachsen lassen.

Naturerleben für Fortgeschrittene

Mit einigen gebauten Naturelementen kommt Schwung und Vielfalt in den Garten. Vieles kann mit maßvollem Aufwand selbst gemacht werden:

- Größere Holzstapel und Reisighaufen liegen lassen. Sie dienen als Unterschlupf für Igel, Mäuse und andere.
- Wilde Verwandte von Stauden und Gehölzen pflanzen.
- Natürliche Baustoffe und Materialien für neue Wege oder Terrassen aus der Region besorgen.
- Eine Blumenwiese aussäen, die zum vorhandenen Bodentyp passt.
- Trockenmauern bauen und bepflanzen.
- Sumpfbeet oder kleinen Teich anlegen.
- Trockenbeete anlegen und mit Wildstauden bepflanzen.
- Waldrandstauden am schattigen Saum von Hecken, an nordwärts gerichteten Mauern und unter Bäumen anpflanzen.
- Wände mit Kletterpflanzen begrünen.

Vom Blümchenrasen zur Wildblumenwiese

Auch ein gemähter Blümchenrasen ernährt viele Insekten, wenn man Löwenzahn, Klee und Ehrenpreis blühen lässt. Am Löwenzahn sammeln z. B. 72 Wildbienenarten Pollen, am Weißklee 41. Wenn der Rasen nie gedüngt und der Grasschnitt weggeräumt wird, magert der Boden mit den Jahren ab. An den Stellen, wo die Wiese nur zwei Mal im Jahr gemäht wird, erscheinen mit der Zeit immer mehr Wildblumen, wie Margeriten, Ochsenaugen, Rotklee, Flockenblumen oder Lichtnelken.

Vom Bottich zum Bioteich

1 Der Beginn einer wunderbaren Teich-Leidenschaft kann eine Zinkwanne, ein halbiertes Fass oder ein Waschbottich sein. Der Boden wird fingerhoch mit Sand oder Kies bedeckt – so entsteht ein Feuchtbiotop en miniature. Je nach Höhe des Zubers setzt man Wildpflanzen hinein, die in der Natur in Sümpfen oder in flachem Wasser gedeihen. Wichtig ist, dass sie nicht wie Rohrkolben zu den Wucherern gehören. Sumpf-Kalla, Sumpf-Vergissmeinnicht, Bachbunge, Pfeilkraut, Sumpf-Dotterblume oder Schwanenblume lassen ihren Nachbarn genug Luft zum Atmen. Sogar im Mini-Teich finden sich bewegungs- und flugfreudige Tiere, wie Wasser- und Teichläufer, Taumelkäfer oder Ruderwanzen, ein.

2 Ein Naturteich braucht weder besonders groß noch tief zu sein. Ein seichtes Gefälle (1 m Tiefe nach 3 m Länge) oder ein Fertigteich mit ausgeformten, flachen Randzonen ist für viele Tierarten ein attraktives Domizil. Denn im flachen Wasser wachsen die meisten Pflanzen, und im Unterwasser-Gewirr der Stängel jagen Ruderwanzen, Käfer- und Libellenlarven ihre Beutetiere am liebsten. Frösche, Molche und Kröten legen dort ihren Laich ab. Flache Tümpel frieren auch in der Natur in kalten Wintern vollständig durch, viele Tiere haben sich darauf eingestellt: Gelbrandkäfer und andere Wasserinsekten, Gras- und Laubfrosch, Molche, Ringelnattern und Kröten verbergen sich über Winter an Land oder graben sich in Erd-

löchern ein. Nicht nur die Größe macht einen Teich zum idealen Lebensraum, sondern auch seine Umgebung. Wo Wildhecken wachsen, Laubhaufen und Holzstapel, Reisig oder Steinhaufen mit Höhlungen als gemütliche Quartiere bereitliegen, fühlen sich Lurchis Verwandte, aber auch Igel und Spitzmaus, Eidechsen und Insekten zu Hause. Damit sich ein kleiner Teich im Sommer nicht so stark erwärmt, liegt er am besten etwas im Schatten – ein Laubbaum im Süden schirmt z.B. die Mittagssonne ab.

3 Die größte Artenvielfalt entdeckt man in großen Teichen mit 20 m² und mehr Wasserfläche. Neben Kaulquappen und vielen anderen Insekten finden sich auch Köcherfliegen- und Libellen-Larven ein, die ihre Beute im Wasser jagen. Ist der Teich tiefer als 80 cm, friert er nie ganz durch, und die grünen Teich- und Wasserfrösche können am Gewässergrund überwintern. Die frostsichere Zone sollte möglichst 4–6 m² groß auf jeden Fall größer als 1 m² sein. Auch in großen Teichen hängt viel von einer abwechslungsreichen Umgebung ab: Während Frösche sich versteckt im Pflanzendickicht am Ufer sonnen, bevorzugen Kröten karge kiesige Ufer. Laubfrösche klettern gern auf Bäume, Teichmolche jagen nachts im Gras nach Schnecken und Würmern.

Kleine Vorgärten ganz groß

Die Fläche vor der Tür soll einladend wirken und zum Haus passen.
Mit Pflanzvorschlägen für Sonne und Schatten gelingt das überall.

Vor manchen Vorgärten bleibt man gerne stehen, um einen Blick hineinzuwerfen. Von anderen fühlt man sich regelrecht ausgesperrt. Eine interessante Bepflanzung wirkt wie eine Einladung. Doch oft bestimmt nicht der persönliche Geschmack alleine. Was hilft es, wenn man Kräuter liebt, der Eingangsbereich aber im Schatten liegt? Was wenn die Vorliebe für Waldgärten am trockenen Sandboden scheitert? Man spart sich Arbeit und Enttäuschung, wenn man von vornherein mit den vorhandenen Gegebenheiten plant. Nach welcher Himmelsrichtung erstreckt sich der Vorgarten? Ist der Boden sandig oder lehmig? Ist die Erde eher feucht oder trocknet sie schnell aus? Nicht zuletzt harmoniert ein gelungener Vorgarten auch mit dem Stil des Hauses. Zur Glas-Metall-Fassade wirkt ein Bauerngarten schräg, zum rustikalen Landhaus dagegen passt er perfekt. Eine besondere Herausforderung stellen Reihenhaus-Vorgärten dar, denn sie sind in der Regel extrem klein. Ihr Vorteil ist jedoch: Die Architektur ist in den meisten Fällen recht neutral und macht wenig stilistische Vorgaben.

Niedrige Grenzen sind Signal genug

Je kleiner der Vorgarten, desto offener die Gestaltung – so lautet das Motto. Hohe Hecken und Zäune betonen die Enge und wirken abweisend. Je nach Lage werfen sie womöglich noch Schatten. Hohe Gehölze rücken deshalb besser näher an die Hauswand als an den Gartenzaun. Den Platz an der Straße bekommen niedrige Einfassungen. Zweibeiner erkennen das Grundstück auch so und die meisten Vierbeiner respektieren schon eine 30-cm-Hürde als Grenze. Dafür bietet sich der Vorgarten offen dem Blick der Passanten dar und heißt Besucher willkommen. Auch als Bewohner freut man sich mehr über einen blumigen Empfang beim Heimkommen als über verschlossene Pforten.

Die zwei Vorgarten-Beispiele auf der folgenden Doppelseite haben eine Grundfläche von 3,5 × 2 m. Damit passen sie vor jedes Reihenhaus. Falls nicht, können die Beetpläne selbstverständlich auch an jeder anderen Stelle im Garten in die Realität umgesetzt werden.

Im Kübel oder im Gartenboden, in der Sonne oder im lichten Schatten: Rispen-Hortensien passen sich vielen Gegebenheiten an und machen vor der Tür einiges her.

Blumenreicher Bauerngarten

Ein Bauerngarten ohne Rittersporn ist kaum denkbar. Die hohe Staude spielt darin eine herausragende Rolle.

Blüten, Duft und Farben in Hülle und Fülle empfangen einen in diesem kleinen Bauerngarten. Wie bei den klassischen Vorbildern umrandet eine Buchs-Einfassung das Beet, im Vorgarten aus Platzgründen jedoch nur hufeisenförmig. Die hintere Seite grenzt an die Hauswand. Eine Pyramide aus Weidenruten markiert das Zentrum, an ihr ranken Duft-Wicken in die Höhe. Die Längsseiten teilen Buchskugeln in zwei gleiche Hälften, während ein von Ringelblumen gesäumter Pfad von der Schmalseite her Zugang zum Beet gewährt und gleichzeitig eine Querachse andeutet, die an ein klassisches Wegekreuz erinnert.

In der rechten Beethälfte verbreitet die historische Strauchrose 'Jacques Cartier' nostalgischen Charme. Anders als viele alte Rosen blüht sie im Herbst ein zweites Mal. Zusammen mit Madonnen-Lilien und Phlox verbreitet sie herrlichen Duft. Rittersporn spielt unter den typischen Prachtstauden des Bauerngartens mit seinen gut 1,60 m hohen Blütenkerzen eine wahrhaft herausragende Rolle. Stutzt man ihn nach der Hauptblüte im Juli auf zwei Handbreit über den Boden zurück, treibt er neu und blüht im September ein zweites Mal.

Auf der Beetrückseite ragen Stockrosen bis 2 m Höhe auf. Die stattlichen Blüher gedeihen oft nur zwei Jahre und müssen daher immer wieder neu nachgesät werden. Wo es ihnen gefällt, versamen sie sich aber von alleine.

Im linken Beetteil verausgaben sich zusammen mit zweijährigen Bart-Nelken einige Sommerblumen und sorgen für üppigen Blütenflor von Mai bis Oktober. Die Schmuckkörbchen zieht man ab März im Haus vor. Sie dürfen erst nach den Eisheiligen ins Freie. Bechermalven, Jungfer im Grünen sowie Ringelblumen und Duft-Wicken kann man ab April direkt ins Beet säen. Sie blühen jedoch früher, wenn man sie ebenfalls im Haus vorzieht. Gedüngt wird das Beet jährlich im Frühjahr mit reichlich Kompost. Die Buchs-Umrandung schneidet man Ende Juni in Form.

① Buchsbaum (Buxus sempervirens)
② Jungfer im Grünen (Nigella damascena)
③ Bechermalve (Lavatera trimestris)
④ Stockrose (Alcea rosea)
⑤ Strauchrose (Rosa) 'Jacques Cartier'
⑥ Madonnen-Lilie (Lilium candidum)
⑦ Rittersporn (Delphinium elatum)
⑧ Phlox (Phlox paniculata)
⑨ Duft-Wicken (Lathyrus odoratus)
⑩ Schmuckkörbchen (Cosmos bipinnatus)
⑪ Bart-Nelken (Dianthus barbatus)
⑫ Ringelblume (Calendula officinalis)

Heiterer Schattengarten

Strahlende Blütenfarben sowie hell panaschierte Blätter bringen hier Licht in die Dunkelheit. Die Sonnenseite des Hauses gehört ja oft der Terrasse und dem Hauptgarten, während der Vorgarten ein Schattendasein an der Nord- oder Ostseite fristet. Was soll da schon wachsen und blühen? In unserem Beispiel leuchten von Mai bis Oktober Wald- und Schattenpflanzen mit weißen und gelben Blüten um die Wette. Den Anfang macht das Windröschen, das jedoch schon verblüht, wenn die prächtigste Phase des Beetes beginnt. Von Juni bis Juli nämlich entfaltet der mannshohe Wald-Geißbart seine fedrigen cremeweißen Blütenrispen wie eine duftige Wolke, untermalt von weißen Astilben und Fingerhüten sowie gelbem Frauenmantel und Gold-Felberich. Ab August öffnen die Herbst-Anemonen ihre Schalen und die mächtigen Blütenkugeln der Hortensie 'Annabelle'

Hortensien blühen erst im Schatten richtig auf.

Herbst-Anemone

plustern sich auf. Beide halten bis zum Frost durch. Gelb und weiß gemusterte Blattschmuckstauden, wie die Funkien, die weiß gestreifte Japan-Segge und das Kaukasusvergissmeinnicht 'Jack Frost' mit seinen silbrigen, grün geaderten Blättern, greifen die Blütenfarben auf und sorgen

während der ganzen Saison für helle Tupfer. Zwei Farne geben dem Beetzentrum Fülle und Volumen.
Jedes Jahr im Spätwinter entfernt man die verwelkten Staudenreste und schneidet die Triebe der Hortensie auf 1/3 ihrer Höhe zurück.

① Herbst-Anemone *(Anemone-Hybride)*
② Goldschuppenfarn *(Dryopteris affinis)*
③ Wald-Geißbart *(Aruncus dioicus)*
④ Hortensie *(Hydrangea arborescens)*
⑤ Weißrand-Funkie *(Hosta)*
⑥ Gold-Felberich *(Lysimachia punctata)*
⑦ Weißer Fingerhut *(Digitalis purpurea)*
⑧ Gelbbunte Funkie *(Hosta)*
⑨ Frauenmantel *(Alchemilla mollis)*
⑩ Prachtspiere *(Astilbe)*
⑪ Weißbunte Japan-Segge
  (Carex morrowii) 'Variegata'
⑫ Windröschen *(Anemone sylvestris)*
⑬ Kaukasusvergissmeinnicht
  (Brunnera macrophylla 'Jack Frost')

Dufte Kräuter-Ideen

Richtig sinnlich wird ein Garten erst, wenn darin würzige Kräuter wachsen, die ihre breite Palette ätherischer Öle in die Luft verduften.

Lustwandeln auf Kräutern? Wer das immer schon mal wollte, pflanzt einen Weg aus Sand-Thymian – er lässt sich bereitwillig mit Füßen treten.

Duft ist ein Wispern, das die Nase hört, behauptet der Volksmund. An warmen Sommertagen, bei Temperaturen um die 30 °C, wispern die Kräuter besonders laut. Für das würzige, intensive Aroma, das Kräuter verströmen, sind unter anderem **ätherische Öle** und Harze verantwortlich. Jede Art mischt aus verschiedenen Komponenten ihre charakteristische Note und legt damit die Basis für ihren unverwechselbaren Duft. Bis zu 50 Stoffe enthält so ein Parfüm, das je nach Jahreszeit und Pflanzenteil unterschiedlich zusammengesetzt ist. Damit sie im Blattgewebe keinen Schaden anrichten und weil sie meist in größerer Menge benötigt werden, warten ätherische Öle sicher verwahrt in Öldrüsen oder an ähnlichen Orten auf ihren Einsatz. Ätherisches Öl löst sich gut in Öl oder Fett, aber schlecht in Wasser. Bei etwas mehr als Zimmertemperatur verduftet es in einer Aromawolke. Seit Urzeiten folgen die Menschen dieser Duftspur, würzen mit Blättern und Blüten ihre Speisen, heilen mit Kräutern Wunden, kurieren Erkältungen und andere Krankheiten oder schützen mit den getrockneten Pflanzen ihre Wintervorräte vor Insekten.

All diese Aufgaben erledigen Kräuter zuverlässig. **Aber warum duften Pfefferminze, Rosmarin, Salbei und Thymian denn eigentlich?** Posaunen sie damit schlicht ihre unbändige Lebensfreude in alle Welt hinaus, oder übermitteln sie gar eine geheime Botschaft? Weder noch: In erster Linie bilden sie die Duftstoffe aus Eigennutz.

- Die Pflanzen locken so Insekten zu den Blüten, damit sie diese bestäuben.
- Sie vergällen damit Raupen, Kaninchen und anderen hungrigen Mäulern den Appetit.
- Sie verhindern, dass Pilze, Bakterien und sonstige Krankheitserreger in die Pflanze eindringen.
- Sie hemmen die Keimung von Samen anderer Pflanzen und halten so Konkurrenz um Nahrung, Wasser und Licht fern.

Immer der Nase nach

Trotzdem haben Kräuter absolut nichts dagegen, dass auch Gärtner ihrem Parfüm verfallen sind. Bedeutet es doch, dass ihnen reichlich Platz eingeräumt wird. Etwa in Form eines würzigen Kräuterweges, auf dem sie sich sogar mit Füßen treten lassen. Verschiedene Thymianarten und die Rasenkamille (*Anthemis nobilis*) machen das bereitwillig mit. Und was bekommt die Nase alles Wunderbares zu hören, wenn so ein duftender Pfad in ein dekoratives Kräuterbeet mündet – mit einer reichhaltigen Auswahl an Küchen- und Arzneikräutern? Einfach umblättern und nachpflanzen.

Schritt für Schritt zum Thymianweg

Aller Anfang ist leicht: einen sonnigen Standort wählen, den Boden lockern, größere Steine entfernen und die Fläche von Wildkräutern befreien (vor allem Wurzelunkräuter müssen raus). Thymian liebt einen eher mageren, trockenen und gut durchlässigen Untergrund: Darum, falls nötig, reichlich Sand einarbeiten. Dann die Erde mit dem Rechen glattziehen, andrücken und die Trittsteine (30 × 60 cm) mit einer Handbreit Abstand auslegen – bevor es ans Teilen der Topfpflanzen geht.

1 Zwischen den Trittplatten je 2 Thymianhälften einsetzen. Dazu per Hand passende Löcher graben, die Pflanzen hineinstellen, mit Erde auffüllen und sanft andrücken. Anschließend den restlichen Thymian auf der Fläche verteilen. Mit rund **20 Pflanzen(-hälften) pro m²** schließt sich die Fläche relativ rasch.

2 Nach dem Einsetzen gründlich gießen. Wenn nötig weiterhin wässern, bis alles angewachsen ist. Wichtig ist außerdem, dass **Wildkräuter regelmäßig entfernt** werden.

3 Dichte, begehbare Teppiche bilden **Sand-Thymian** (Thymus serpyllum) und **Quendel** (T. vulgaris). Aber auch **Zitronen-Thymian** (T. × citriodorus), **Orangen-Thymian** (T. fragrantissimus) und **Kümmel-Thymian** (T. herba-barona) eignen sich für den Duftweg. Man kann sie fleckenweise miteinander kombinieren oder sich für nur eine Art entscheiden.

4 **Nach der Blüte wird der Thymian zurückgeschnitten.** Das geht mit der Schere – ein hocheingestellter Rasenmäher tut es aber auch. Gedüngt wird im Frühling sehr sparsam mit einer Prise **Komposterde**.

Aromatischer Kräutergarten

Schnuppernasen und Hobbyköche lieben frische Kräuter. Dieser Vorgarten bietet **mehr als 30 verschiedene Aromen** zum Genießen und Experimentieren.

Muskateller-Salbei, Engelwurz, Goldmelisse, Kapuzinerkresse und viele andere zieren mit auffälligen Blüten. Von **Salbei, Thymian, Minze, Basilikum** und etlichen weiteren Arten gibt es buntblättrige Formen mit gelbem, rotem oder panaschiertem Laub, die für zusätzliche Farbe sorgen. Sie schmecken ebenso aromatisch wie die grünen Originale und dürfen bedenkenlos in der Küche zum Einsatz kommen.

Die rechte Gartenhälfte beherbergt anspruchsvolle Arten, wie die stattliche **Engelwurz**, die mehr als 2 m hoch werden kann. Auch **Liebstöckel** und **Dill** können 1,50 m Höhe erreichen. Sie wurzeln gerne in tiefgründigem, humosem, nährstoffreichem Gartenboden.

Links, gestützt von einem niedrigen Mäuerchen, wird ein kleiner Sandhügel angeschüttet, den man zuoberst mit einer 15 cm dicken Kompost-Sand-Schicht oder mit Gartenerde abdeckt. Ein paar Kalksteine darauf gelegt und an diesem Hang fühlen sich mediterrane Asketen und **Teppich-Thymiane** wohl.

Das kleine Beet in der Mitte ist einjährigen Kräutern wie **Majoran, Kerbel, Basilikum** und dauerblühender **Kapuzinerkresse** vorbehalten. Diese sät oder pflanzt man jedes Jahr neu. Bleiben sie unter sich, erleichtert das ihre Anzucht und Pflege.

Blühender Schnittlauch sorgt für Farbe im Beet und auf dem Teller. Die rosa-violetten Puschel sind nämlich essbar

① Minze (*Mentha*)
② Bronze-Fenchel (*Foeniculum vulgare*)
③ Engelwurz (*Angelica archangelica*)
④ Liebstöckel (*Levisticum officinale*)
⑤ Goldmelisse (*Monarda didyma*)
⑥ Dill (*Anethum graveolens*)
⑦ Zitronen-Melisse (*Melissa officinalis*)
⑧ Borretsch (*Borago officinalis*)
⑨ Estragon (*Artemisia dranunculus*)
⑩ Griech. Bergtee (*Sideritis syriaca*)
⑪ Lavendel (*Lavandula angustifolia*)
⑫ Salbei (*Salvia officinalis*)
⑬ Thymian (*Thymus*)
⑭ Bohnenkraut (*Satureija montara*)
⑮ Rosmarin (*Rosmarinus officinalis*)
⑯ Weinraute (*Ruta graveolens*)
⑰ Oregano (*Origanum vulgare*)
⑱ Ysop (*Hyssopus officinalis*)
⑲ Currykraut (*Helichrysum italicum*)
⑳ Muskateller-Salbei (*Salvia sclarea*)
㉑ Kapuzinerkresse (*Tropaeolum majus*)
㉒ Petersilie (*Petroselinum crispum*)
㉓ Schnittlauch (*Allium schoenoprasum*)
㉔ Majoran (*Origanum majorana*)
㉕ Basilikum (*Ocimum basilicum*)
㉖ Kerbel (*Anthriscus cerefolium*)

Bauerngarten-Klassiker

Robuste Astern und Rosen: Diese beiden sind bis heute
in vielen Blumenbeeten zu Hause – aus gutem Grund.

Sternblumen nannte man Astern früher. Tatsächlich erinnern die Blüten mit der meist gelben oder bräunlichen Mitte und einem Kranz aus farbigen oder weißen Strahlen drumherum an Sterne. Und auch der botanische Name, der heute umgangssprachlich verwendet wird, bedeutet dasselbe. Denn *Aster* kommt von *astrum*, dem lateinischen Wort für Stern oder Gestirn. So klein die einzelnen Blüten sind, in der Menge, in der die Pflanzen sie hervorbringen, entfalten sie eine enorme Farbwirkung, und das in intensiven Rosa- bis Violett-Tönen.

Sortennamen wie 'Karminkuppel', 'Rosenhügel' oder 'Schneeberg' versprechen also nicht zu viel, Astern ziehen im Garten alle Blicke auf sich. Da die Blütenstände am Ende der Stängel reich verzweigt sind und sich viele Sternchen auf gleicher Höhe befinden, nimmt man aus der Ferne betrachtet eine nahezu geschlossene Farbfläche wahr. So viel Pracht war in den Bauerngärten sehr willkommen. Die Bäuerinnen bevorzugten vor allem Arten mit großen Blüten (2–4 cm Durchmesser), wie **Raublatt-Astern** *(Aster novae-angliae)* und **Glattblatt-Astern** *(A. novi-belgii)*, für die sie immer irgendwo ein Plätzchen fanden. Noch in heutiger Zeit stehen die Blumen oft am Zaun, wo sich die hohen Sorten gerne etwas anlehnen.

Aber auch im Hintergrund von Rabatten machen sie sich gut. Dort verdecken niedrige Begleiter geschickt die kahlen Stellen unten am Stängel. Diese entstehen, weil die Astern häufig nach trockenen Sommerwochen dort die Blätter fallen lassen. Kleinere Sorten, aber auch die kompakten, jedoch ebenfalls großblütigen **Kissen-Astern** *(Aster dumosus)* schmücken den Beetrand oder begleiten als dichte bunte Polster die Wegränder. In jedem Fall liefern sie reichlich Blüten für üppige Bauerngarten-Sträuße.

In Amerika zu Hause

Während d e n edrigen Kissen-Astern entstanden. indem Gärtner verschiedene Astern kreuzten, handelt es sich bei den Urformen der Raublatt- und Glattblatt-Astern um amerikanische Wildarten, die erst im 17. Jahrhundert nach Europa gelangten. Im östlichen Nordamerika, dem damaligen Neuengland und Neubelgien, besiedelten sie Flussauen und Bachränder. Dort fanden sie auf gut wasserversorgten, nie austrocknenden, aber gleichzeitig sehr durchlässigen, nährstoffreichen Böden ideale Wachstumsbedingungen. Sonne bekamen sie ebenfalls reichlich, denn schattenwerfende Gehölze fehlten. Zu heiß wurde es ihnen jedoch nie, dafür sorgte die

Schmetterlinge wie der Kleine Fuchs freuen sich über die herbstliche Nektarquelle an Astern.

Verdunstungskühle des Wassers. Wer Astern in den Garten pflanzt, ist gut beraten, sich bei der Standortwahl an diesen Verhältnissen zu orientieren.

Astern bevorzugen:

- einen sonnigen Platz
- lehmig-humosen oder sandig-lehmigen Boden
- viele Nährstoffe
- ausreichend Feuchtigkeit

Im Frühjahr schneidet man die vertrockneten Stängel des Vorjahres ab und gibt den Pflanzen reichlich Kompost. Von Stickstoffdüngern sieht man besser ab, sie machen Astern standschwach und anfällig für Echten Mehltau. Auch an heißen Standorten, etwa vor Südwänden und auf trockenem Boden, leiden sie oft an dieser Pilzkrankheit. Man gießt Sie deshalb bei Trockenheit regelmäßig, und zwar nicht über die Blätter, sondern stets direkt an den Fuß.

Besonders **Glattblatt-Astern** brauchen gleichmäßig feuchten Boden, wenn sie gut gedeihen sollen. Dann breiten sie sich mit der Zeit über kurze Ausläufer im Beet aus. Nach einigen Jahren verkahlen sie von der Mitte her. Deshalb **gräbt man sie alle 4–5 Jahre aus, teilt die Horste** und pflanzt die Stücke an anderen Stellen wieder ein.

Raublatt-Astern sind etwas robuster und bilden keine Ausläufer. Ihr deutscher Name bezieht sich auf die rauen Drüsenhaare, die Blätter und Stängel überziehen. Ältere Sorten dieser Art schließen am Abend und bei schlechtem Wetter ihre Blütensternchen. Neuere Sorten verzichten darauf. Die heutige Fülle an Sorten entstand durch Auslese und Züchtung. Sie sind bei Bienen, Schmetterlingen und anderen Insekten genauso beliebt wie die Wilden und eine willkommene Nahrungsquelle.

Robuste Sorten

Gärtner freuen sich nicht nur, dass die Palette der Farbtöne und Wuchshöhen ständig erweitert wurde, sondern auch dass mittlerweile immer robustere Sorten entstanden. Der Arbeitskreis Staudensichtung, ein unabhängiges Gremium von Experten, zeichnet Sorten, die sich an verschiedenen Standorten in Deutschland als besonders gesund erwiesen haben, mit zwei Sternen aus. Es lohnt sich, beim Kauf von Pflanzen darauf zu achten.

Zu diesen **Top-Sorten** gehören Raublatt-Astern, wie 'Herbstschnee', 'Andenken an Paul Gerber', 'Violetta' und 'Alma Pötschke'. Unter den Glattblatt-Astern haben sich 'Schöne von Dietlikon', 'Dauerblau', 'Karminkuppel' oder 'Rosa Perle' besonders bewährt.

Wilde Astern

In einen naturnahen Garten passen besonders gut die Wilden Astern. Eine ganze Reihe von Arten bezaubert bis in den November hinein mit duftigen Blütenwolken. Denn während die großblütigen Bauerngarten-Schönheiten straff aufrechte Büsche bilden, verzweigen sich die meisten Wilden stärker, tragen kleinere Blätter und zierlichere Blüten. Auch ihre Farben fallen zarter aus, häufig blühen sie weiß oder in Pastelltönen. Es gibt viele Astern, mehr als 600 Arten und eine Unzahl von Sorten.

Die bekannteste ist die **Myrten-Aster** *(A. ericoides)*, sie heißt auch Septemberkraut. Ihre filigranen Stängel kennt man als

Raublatt-Astern sind robuster als Glattblatt-Astern und bilden keine Ausläufer.

Wilde Arten wie die Myrten-Aster fügen sich in Naturgärten bestens ein.

Beiwerk in Blumensträußen. Wie die Ahnen der Gartenformen stammt sie aus Amerika und teilt auch deren Standortansprüche: sonnig, aber weder zu heiß noch zu trocken. Ihre Blätter sind so zierlich, dass sie an kleine Nadeln erinnern, doch die gesamte Pflanze nimmt stattliche Ausmaße an. Bis zu 150 cm hoch und etwa 80 cm breit kann diese Wilde Aster werden, je nach Sorte. Eine Ausnahme unter den Riesen stellt die 15–30 cm kleine 'Snowflurry' dar. Der Zwerg bildet Blütenteppiche und gedeiht gut am Beetrand oder lässt seine Triebe über die Ränder von Töpfen und Ampeln fließen. Gärtner, die Astern keinen Platz an der Sonne bieten können, brauchen auf die Spätblüher dennoch nicht zu verzichten. Denn einige der Wilden Astern bevorzugen andere Lebensbedingungen als die großblütigen Schwestern aus der Prärie oder die Myrten-Aster.

So fühlt sich die **Gebüsch-Aster** (A. divaricatus) im Halbschatten von Gehölzen wohl. Selbst die Wurzelkonkurrenz hoher Bäume um Wasser und Nährstoffe toleriert sie, ohne zu schwächeln. Sie schmückt sich mit großen herzförmigen Blättern und lockeren weißen Blütenrispen, die bereits im August und September erscheinen. Später entwickelt sie daraus flauschige silbrige Samenstände, die die Triebe bis in den Winter hinein zieren. Als Bodendecker kann man sie im Garten ebenfalls einsetzen, da sich die Pflanze über Ausläufer ausbreitet. Auch die **Leberbalsam-Aster** (A. ageratoides) gedeiht noch im lichten Schatten. Sie stammt aus Ostasien, wo sie an Berghängen und Gebüschrändern wächst. Daher kommt sie, anders als die amerikanische Verwandtschaft, mit Trockenheit ziemlich gut klar. Besonders vital und robust ist die Sorte 'Asran'. Ihr stellt man besser konkurrenzkräftige Beetpartner zur Seite.

Eine Auswahl der schönsten Astern für den Garten

Asternart	Höhe in cm	Blütezeit Blütenfarbe	Bemerkung
Leberbalsam-Aster Aster ageratoides	70–100	August–Oktober violettrosa, lila, weiß	Wildaster in Sorten, auch Halbschatten, Ausläufer
Kleinblütige Aster A. amethystinus	140–180	Oktober–November lavendelfarben	Schleier-Aster, arge Blüte, sehr standfest
Herzblatt-Aster A. cordifolius	70–100	September–Oktober hell-lila	Wildaster, kleinblütig, auch Halbschatten
Gebüsch-Aster A. divaricatus	40–70	August–September weiß mit gelbbrauner Mitte	Wildaster, für Halbschatten unter Bäumen, flauschiger Samenstand
Kissen-Aster A. dumosus (Sorten)	20–45	September–Oktober violett, rosa, karminrot, weiß	viele Sorten, schirmartiger Blütenstand, Ausläufer
Myrten-Aster A. ericoides	15–150	September–November weiß, hell-lila, zartrosa	Schleier-Aster, in Sorten, nadelartige Blätter
Himmels-Aster A. laevis	100–130	Oktober–November himmelblau, violettrosa	Wildaster in Sorten, reich und lange blühend
Waagerechte Herbst-Aster A. lateriflius	50–80	September–Oktober weiß, rosa Mitte	Wildaster, kleinblütig, mit waagerechten Seitentrieben
Raublatt-Aster A. novae-angliae	50–160	September–November violett, rosa, karminrot, weiß	viele Sorten in vielen Farben, manche schließen bei Nacht die Blüten
Glattblatt-Aster A. novi-belgii	50–140	September–November violett, rosa, karminrot, weiß	viele Sorten in vielen Farben, anfällig für Mehltau, kurze Ausläufer
Pyrenäen-Aster A. pyrenaeus	60–70	August–Oktober hell violettrosa	Wildaster, kleinblütig, verträgt Trockenheit
Schirm-Aster A. umbellatus	140–200	August–September weiß	Wildaster, kleinblütig, für feuchte Plätze, flauschiger Samenstand
Kleinblütige Herbst-Aster A. versicolor	70–110	August–Oktober lila	Wildaster kleinblütig, gesund, Ausläufer

Mit der **Herzblatt-Aster** (A. cordifolius) steht eine dritte halbschattenverträgliche Wildart zur Auswahl. Sie wird auch Wald- oder Schleier-Aster genannt. Gerne stützen sich ihre Triebe an einem Zaun oder Strauch ab. Wenig bekannt ist die **Schirm-Aster** (A. umbellatus), die nasse Plätze wie Teichränder mit ihren cremeweißen Blütensternchen und später mit fedrigen Samenständen verschönert.

Dagegen blüht die **Pyrenäen-Aster** (A. pyrenaeus) auf eher trockenen kalkhaltigen und weniger nährstoffreichen Böden zu voller Schönheit auf.

Rosen von robuster Art

Gesund, robust und pflegeleicht – die meisten Gärtner verbinden diese Eigenschaften nicht mit Rosen. Doch **Kleinstrauchrosen** vereinen alles zusammen. Die unkomplizierten Schönen blühen die ganze Saison hindurch und stellen dabei wenig Ansprüche.

Wer sich Rosen im Garten wünscht, aber keine Lust auf großen Aufwand hat, wer gut darauf verzichten kann, Verblühtes wegzuschnippeln, im Winter anzuhäufeln und im Frühjahr zu schneiden, der ist mit Kleinstrauchrosen bestens beraten.

Diese Rosengruppe bietet eine große Auswahl an pflegeleichten Sorten, die den Ruf der Rose als kapriziöse Königin der Blumen erfolgreich ins Gegenteil verkehren. Dabei blühen die meisten die ganze Saison über und viele beweisen eine gute Widerstandskraft gegenüber Pilzkrankheiten.

Ursprünglich entdeckte man diese Rosen für die Verwendung auf öffentlichen Grünflächen, als sich die Kommunen aufwendige Grünpflege nicht mehr leisten konnten. Zunächst griff man auf bereits bekannte Sorten, wie 'Dagmar Hastrup' und 'The Fairy', zurück, die reich verzweigt mehr in die Breite als in die Höhe wachsen. So bilden sie, eng gepflanzt, schnell geschlossene Pflanzendecken, die das Auflaufen von Wildkräutern unterdrücken. Diese begehrte Eigenschaft strebten die Züchter in den letzten Jahrzehnten gezielt an. So entstand eine Fülle neuer Kleinstrauchrosen. Oft findet man sie auch unter der Bezeichnung Flächenrosen oder Bodendeckerrosen im Handel, was auf ihre ursprüngliche Verwendung verweist. Doch schätzen längst Privatgärtner ebenso ihre vielen Vorzüge und verwenden sie einzeln oder in gemischten Rabatten mit Stauden. Bei genauer Betrachtung fallen die Wuchsformen dieser Sorten sehr unterschiedlich aus. Andere Rosenklassen definieren ein klares Erscheinungsbild: Beetrosen etwa bleiben kleiner als 1 m und tragen büschelige Blütenstände, Strauchrosen wachsen höher als 1 m und Kletterrosen bilden lange Triebe.

Drei starke Typen

Kleinstrauchrosen dagegen gibt es von 40–120 cm Höhe und in recht unterschiedlicher Silhouette. Grob unterscheidet man 3 Typen:

Flach wachsend mit langen Trieben legen sich einige wie Schleppen über den Boden. Dazu gehören z. B. die rot blühende 'Sommerabend' oder die rosa 'Immensee'. Beide werden nur 30–40 cm hoch und entwickeln sich zu echten Bodendeckern.

Buschig aufrecht wachsen die meisten. Sie ähneln Beetrosen oder kleinen Strauchrosen und lassen sich im Garten auch so verwenden. Bewährte Vertreter sind z. B. 'Aspirin Rose' (weiß), 'Heidetraum' (rosa) oder 'Red Meidiland' (rot).

Bogig überhängende Triebe verleihen manchen Kleinsträuchern ein besonders weiches, malerisches Erscheinungsbild, etwa 'Ballerina' (rosa) oder 'Scarlet Meidiland' (rot).

Nicht nur die Wuchsformen auch die Blüten zeigen sich variantenreich. Es gibt eine große Auswahl an einfach und halbgefüllt blühenden Sorten, z. B. 'Juanita', 'Lavender Meidiland' oder 'Escimo'. Sie sind für den

Kleinstrauchrosen sind pflegeleicht, sehr robust und obendrein ausgesprochen hübsch.

Kleinstrauchrosen eignen sich gut als Teamplayer in gemischten Rabatten – so wie hier zusammen mit dem dunkel-laubigem Bartfaden 'Dark Towers'.

Garten besonders wertvoll, denn sie dienen Bienen, Hummeln und anderen Insekten monatelang als **ergiebige Nektar- und Pollenquelle**, sogar noch im Herbst, wenn das Angebot an anderen Blüten mager wird. Im Einzelstand, als kleine Gruppe in Grünflächen oder in einer wilden Ecke bieten Kleinstrauchrosen so manchem tierischen Gast Schutz und Unterschlupf. Das dichte Zweiggewirr und Triebe, die sich oft bis zum Boden neigen oder auf der Erde aufliegen, verstecken Kleinsäuger und Vögel vor feindlichen Blicken. Sorten mit gutem Hagebuttenansatz liefern außerdem vitaminreiches Winterfutter. 'Apfelblüte' etwa, 'Pink Meidiland', 'Ballerina' und 'Royal Bassino' gehören zu den guten Fruchtträgern.

Sorten-Vielfalt für jeden Geschmack

Romantiker finden jedoch genauso viele gut gefüllte Blüten, etwa bei 'Alba Meidiland' oder 'Concerto'. Einmalblühende werden kaum noch gehandelt, fast alle Kleinstrauchrosen blühen von Juni bis Oktober durch. Manche starten erst ab Juli, bleiben aber bis zum Frost präsent. Während bei den Blütenfarben lange Zeit Rosa und Weiß dominierten, gelangen den Züchtern mittlerweile auch warmrote (z.B. 'Mainaufeuer', 'Fairy Dance'), gelbe ('Loredo', 'Celina') und orangefarbene Sorten ('Cubana', 'Sedana'). So lassen Kleinstrauchrosen in puncto Gestaltung heute kaum noch Wünsche offen. Als Beetpartner harmonieren sie mit zahl-reichen Stauden. Klassische Begleiter, wie Lavendel, Sommer-Salbei, Katzenminze, Rittersporn, setzen als Blaublüher zu jeder Rosenfarbe einen wirkungsvollen Kontrast. Pinkfarbene, wie Schwarzäugiger Storch-schnabel oder Spornblume, bilden mit rosa Rosen schöne Farbverläufe. Gelbe Partner, wie Gold-Garbe, Sonnenbraut oder Frauen-mantel, untermalen gelbe und orangefarbe-ne Rosen Ton in Ton. Weiße Rosen passen eigentlich immer.

In gemischten Pflanzungen verwendet man Kleinstrauchrosen, wie Beet- oder Strauch-rosen. Manche werden sogar tatsächlich in zwei Rosenklassen geführt: 'Bonica' etwa oder 'Neon' findet man als Kleinstrauch-und als Beetrosen im Handel, 'Raverina' auch als Strauchrose. Davon müssen sich Gärtner aber nicht verwirren lassen, es beweist nur ihre vielfältige Verwendung. An Sitzplätzen oder am Terrassenrand in Nasennähe erfreuen duftende Rosen besonders. Mit den intensiven Duftnoten vieler Edel- und Strauchrosen können Klein-strauchrosen jedoch leider nicht mithalten. Nur wenige Sorten geben ein zartes blu-miges Aroma ab. 'Lavender Dream' etwa macht ihrem Namen Ehre. Aber auch 'Schneekönigin', 'Rote Woge' und 'Medusa' schmeicheln der Nase.

'Sedana®'

'Innocencia®'

'Ravenna®'

Sehr praktisch: Selbstreinigung

Verschrumpelte braune Blüten an den Zweigen sehen nicht schön aus. Deshalb schneiden viele Gärtner verwelkte Rosenblüten im Sommer laufend ab. Bei öfterblühenden Sorten regt diese Maßnahme zugleich den Ansatz neuer Blüten an. Dieser Sommerschnitt macht allerdings Arbeit und unterbindet zudem die Hagebuttenbildung.

Viele Kleinstrauchrosen punkten da mit einer praktischen Eigenschaft: Sie reinigen sich selbst. Die Blütenblätter lösen sich nach dem Verwelken von alleine vom Fruchtknoten ab und rieseln zu Boden. Besonders gut klappt das z. B. bei 'Mirato', 'Larissa', 'Pearl Mirato' (alle rosa) 'Innocencia', 'Schneeflocke', 'Aspirin-Rose' (weiß), 'Sonnenschirm' (gelb), 'Austriana' und 'Red Yesterday' (rot).

Prädestiniert sind Kleinstrauchrosen außerdem für schräge Lagen. **Auf Mauerkronen, an Terrassenböschungen und in Hanggärten** lassen Sorten mit langen oder überhängenden Trieben ihre Zweige kaskadenartig herabfließen. Gleichzeitig festigen ihre Wurzeln den Boden und wirken dem Abrutschen der Erde entgegen. Kleinstrauchrosen sind nämlich in der Lage, auf dem Boden liegende Triebe zu bewurzeln und so den Untergrund mehr und mehr zu durchweben. Will man eine geschlossene Pflanzendecke erzielen, setzt man von flach wachsenden langtriebigen Sorten 1–2 pro m², von buschig wachsenden 3–6 pro m² und von solchen mit überhängendem Wuchs 2–4 pro m². So unterdrücken die Sträucher das Auflaufen von Wildkräutern weitgehend. Schließlich stellt das Jäten im abschüssigen Gelände kein Vergnügen dar. Es lohnt sich in diesem Fall auch, wurzelechte Rosen zu setzen. Sie werden aus Stecklingen vermehrt und nicht veredelt. Normalerweise sind alle Gartenrosen auf

eine Unterlage veredelt, die die Wurzeln bildet und meist aus einer Wildart besteht. Sie sorgt für kräftigen Wuchs. Oft sprießen daraus aber auch wilde Triebe hervor, die der veredelten Sorte Konkurrenz machen und daher möglichst schnell entfernt werden müssen. Im dichten Gebüsch macht das wenig Spaß. Bei Wurzelechten erübrigt sich das. Jeder neue Trieb entspricht der Sorte und verdichtet die Pflanzung.

Platzsparend: Hochstämme

Stammrosen entfalten ihre Krone in luftiger Höhe, der Platz darunter lässt sich anderweitig bepflanzen – ideal für kleine Gärten. Auch wer Rosen im Kübel halten möchte, trifft mit Rosenbäumchen eine gute Wahl. Sie bestehen aus einer Unterlage, die Wurzeln und Stamm bildet, sowie einer aufveredelten Sorte.

Aufrecht wachsende Kleinstrauchrosen gibt es meist als Halb- oder Hochstämme im

Handel. Sie tragen die Veredelung in 60 bzw. 90 cm Stammhöhe, dort bauen sie die Krone auf. Sorten mit überhängenden Trieben lassen als Kaskadenrosen (Stammhöhe 140 cm) ihre Blütenschleppen zu Boden fallen.

ADR-Sorten

Wo und wie auch immer man Kleinstrauchrosen im Garten einsetzt, selbst unerfahrene Gärtner werden ihre Freude daran haben. Denn **in keiner anderen Rosenklasse finden sich so viele ADR-Sorten. (ADR:** Allgemeine Deutsche Rosenneuheitenprüfung). Dieses Prädikat zeichnet Rosen aus, die sich als besonders widerstandsfähig gegen Krankheiten und Schädlinge sowie als sehr blühwillig erwiesen haben. Auf der Suche nach robusten Rosen dient das ADR-Zeichen daher als wertvoller Wegweiser. Darüber hinaus unterstützt man die Gesundheit seiner Pflanzen am besten mit einem guten Standort. Auch Kleinstrauchrosen schätzen einen sonnigen, höchstens halbschattigen Platz. Im Schatten behaupten sie sich zwar, bringen jedoch lange nicht die Blütenfülle hervor wie in der Sonne. Luftige Lagen bekommen ihnen besser als wärmestauende vor Südwänden. Die nötige Energie für die dauerblühenden Schwerarbeiter liefert ein humus- und nährstoffreicher Boden.

Während man andere Rosen jährlich im März oder April beschneidet, um den Blütenansatz zu fördern, darf man Kleinstrauchrosen entspannt beim Wachsen zusehen. Wer einzelne Exemplare ins Beet eingestreut hat, kann sie zwar wie Beetrosen im Frühjahr auf 20–30 cm zurückstutzen. Es schadet den Pflanzen nicht, ist aber auch nicht zwingend notwendig. Man kann sich auf ihren Blütenreichtum verlassen.

Erst wenn sie nach drei oder vier Jahren weniger üppig blühen und auseinanderfallen, setzt man die Schere an. Flächige Pflanzungen vertragen sogar einen radikalen Rückschnitt mit der Heckenschere. Frost halten diese Sorten in der Regel aus. Für

ein wenig Schutz vor Wintersonne sind die Pflanzen allerdings dankbar: mit Fichtenreisig abgedeckt sind die Triebe sicher. Im Frühjahr verteilt man ein paar Handvoll Kompost im Wurzelbereich. Das verhilft den Rosen zu einem guten Saisonstart.

Stammrosen bieten sich in kleinen Gärten an: Sie bieten zu ihren Füßen Platz für weitere Pflanzen.

Biogarten-Praxis

Gesunder Dünger aus Brennesseln, Wermuttee gegen Kohlweißlinge, bestes Gießwasser aus der Regentonne und lebendiger Boden dank Mulch – das sind die Gründe für üppiges Wachstum im Biogarten.

Den Boden kennen und pflegen

Gärtner, die sich mit ihrer Erde vertraut machen, wissen genau, woran es mangelt, wenn das Gemüse kümmert.

Keine Spinnerei: Wer seine Gartenerde hin und wieder befühlt und betrachtet, kann bald besser einschätzen, was ihr zum fruchtbaren Boden fehlt.

Pflanzen brauchen Stickstoff zum Wachsen. Wo dieser Nährstoff fehlt, kümmern sie vor sich hin. Zu viel davon macht die Pflanzenzellen jedoch weich und anfällig für Blattläuse und Pilzkrankheiten.

Andererseits kann die Stickstoffversorgung auch blockiert sein: Holzige Materialien, wie trockenes Staudenkraut, Holzhäcksel oder Rindenmulch, enthalten einen hohen Anteil Kohlenstoff (Carbonium = C). Bodenbakterien, die diese Abfälle zersetzen, ernähren sich von Stickstoff (Nitrogenium = N). Der steht dann den Pflanzen nicht mehr in der benötigten Menge zur Verfügung. Ideal ist ein Verhältnis von Kohlenstoff zu Stickstoff von 25–30 : 1 (C : N-Verhältnis). Holzhäcksel und Rindenmulch eignen sich deshalb im Wesentlichen nur als Belag für Wege und Trittpfade.

Phosphor fördert die Blüten- und Fruchtbildung der Pflanzen, Kalium festigt die Pflanzenzellen, Magnesium braucht die Pflanze, um Blattgrün zu bilden. Viele Spurenelemente sind zum guten Gedeihen der Pflanzen unentbehrlich. Durch fortlaufenden Pflanzenanbau werden diese Nähr-

stoffe dem Boden entnommen. Dennoch müssen sie nicht regelmäßig durch Handelsdünger ersetzt werden. Die meisten sind schon in Kompost enthalten. Düngt man zu viel, können manche Nährstoffe die Aufnahme anderer blockieren. Die Folge sind Mangelerscheinungen, obwohl der Boden genügend Nährstoffe enthält.

Der Schlüsselwert

Der pH-Wert gibt an, wie sauer oder kalkhaltig der Boden ist. Von ihm hängt die optimale Versorgung der Pflanzen mit Haupt- und Spurennährstoffen ab. Ein pH-Wert von 7 gilt als neutral und ideal für das Wachstum der meisten Pflanzen. Es kommt jedoch auch auf die Bodenart an. So ist ein pH-Wert von 5,5 in Sandböden vorteilhaft, und in einem stark bindigen Lehmboden muss ein Wert über 7 nicht von Nachteil sein. Mit Testsets aus dem Handel lässt sich der pH-Wert grob feststellen.

Mit Kalk kann der pH-Wert des Bodens etwas angehoben werden, ihn zu senken ist jedoch sehr schwer. Besser ist es, die Wahl der Pflanzen dem jeweiligen Boden-

Je leichter und durchlässiger der Boden ist, desto günstiger ist ein niedriger pH-Wert für die Pflanzen; je schwerer der Boden, desto besser ist ein höherer pH-Wert.

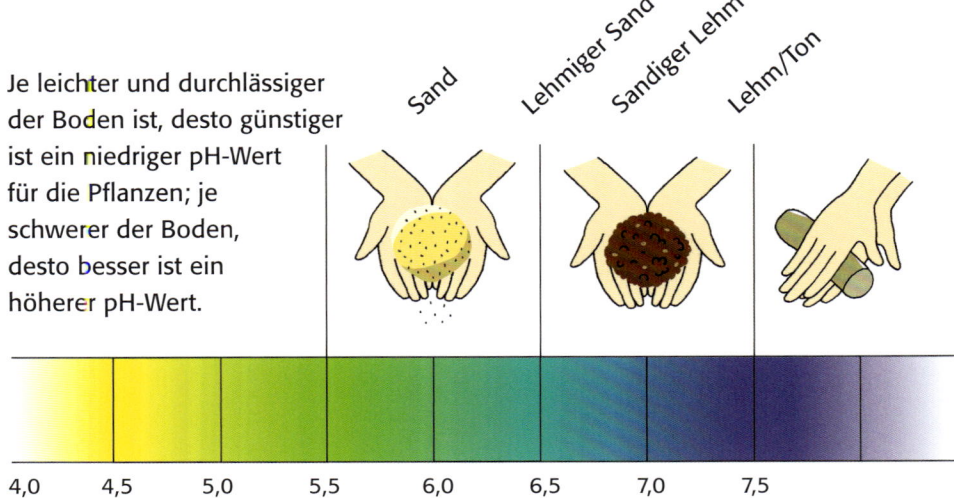

Sand   Lehmiger Sand   Sandiger Lehm   Lehm/Ton

4,0   4,5   5,0   5,5   6,0   6,5   7,0   7,5

milieu anzupassen. In einem sauren Boden gedeihen Moorbeetpflanzen, Heidelbeeren oder Rhododendren. Im alkalischen Milieu braucht niemand Angst vor Kohlhernie zu haben. Reichert man den Boden regelmäßig mit Kompost an, gedeiht Gemüse in jeder Erde.

Wer seinen Boden kennelernen möchte, untersucht die Erde selbst und nimmt alle fünf Jahre eine Bodenprobe, die er in einem Spezial-Labor analysieren lässt.

Zeigerpflanzen und Labor-Analysen

Ersten Aufschluss geben manche Wildpflanzen: Acker-Stiefmütterchen oder Hundskamille weisen auf kalkarmen Boden hin, Kleiner Wiesenknopf und Wegwarte auf kalkreichen, Ackerminze und Beinwell zeigen schweren, feuchten Boden an, und wer Franzosenkraut und Vogelmiere im Garten findet, kann sich über einen humusreichen

und nährstoffreichen Boden freuen. Wer seine Gartenerde in beide Hände nimmt und daran schnuppert, weiß schnell, woran er ist. Eine humusreiche Erde riecht nach Waldboden, und sie ist braun.

Auch Reiben und Kneten hilft weiter: Rieselt die Erde zwischen den Fingern hindurch, oder lässt sie sich formen, sogar zu Würsten ausrollen? Der ideale Boden besteht aus einer Mischung lockerer und bindiger Bestandteile und einem möglichst großen Humusanteil.

Genauen Aufschluss gibt eine Bodenanalyse durch ein Labor. Der beste Termin, eine Probe zu entnehmen, liegt in der Zeit nach der Ernte im Herbst bis nach der Schneeschmelze im Frühjahr. Ermittelt werden die Werte von Phosphor, Kalium und Magnesium. Der Hauptnährstoff Stickstoff wird von den Bodenlabors nur auf besonderen Wunsch analysiert, da sich sein Gehalt im Boden ständig verändert.

Private Bodenlabors bieten zu einem etwas höheren Preis umfangreichere und genauere Analysen an als die staatlichen Land-

Bodenproben richtig entnehmen

An 5–10 Stellen eine spatentiefe Scholle ausheben, davon eine 3 cm dicke Scheibe abstechen.

Die Einzelproben in einem sauberen Gefäß vermischen, um eine repräsentative Schnittmenge zu erhalten.

Von dieser Mischprobe 200 g in einen Gefrierbeutel füllen und wasserfest beschriften.

wirtschaftlichen Untersuchungs- und Forschungsanstalten (LUFA). Sie ermitteln außer den genannten Hauptnährstoffen auch Eisen und Mangan sowie andere Spurenelemente. Außerdem geben sie leicht verständliche Empfehlungen, den Nährstoffhaushalt mit biologischen Mitteln, wie Kompost, Gesteinsmehl und organischem Dünger, ins Lot zu bringen.

Zu viel ist zu wenig

Oft liegt bei Gartenböden ein Überschuss einiger Nährstoffe vor, in der Regel Phosphor und Kalium. Beide werden dem Boden nicht nur durch Düngemittel, sondern vor allem durch Kompost zugefügt. Ein Überschuss an Phosphor blockiert die Aufnahme von Spurenelementen, wie Eisen (unentbehrlich zur Bildung von Blattgrün), Kupfer und Zink. Kalium blockiert die Aufnahme von Kalk, Magnesium (Blattgrün) und Stickstoff, den Hauptnährstoff fürs Wachstum.

So ist bei Nährstoffüberschüssen ein vorsichtiger Umgang mit Kompost angesagt. Nie mehr als 4 l pro m², besser weniger Kompost ausbringen oder die Kompostzufuhr zwei oder drei Jahre lang aussetzen. Vorsicht sollte man auch mit Kalk walten lassen. Ein zu hoher Gehalt blockiert Magnesium und Eisen sowie andere Spurenelemente im Boden. Die Folge sind Chlorosen, also gelbe Blätter und schließlich kümmernde Pflanzen. Kalk sollte nur eingesetzt werden, wenn der pH-Wert nach oben korrigiert werden muss, bei leichten Sandböden auf Werte zwischen 5,5 und 6, bei schweren Böden auf 6–7.

Im Übrigen helfen zum Abbau von überschüssigen Nährstoffen im Gemüsegarten eine weit gesteckte Fruchtfolge von Stark-, Mittel- und Schwachzehrern, vielfältige Mischkulturen sowie eine organische Stickstoffdüngung der Starkzehrer. Diese Wirtschaftsweise fördert das Bodenleben, das die Nährstoffreserven erschließt und Blockaden im Boden lösen kann. Außerdem bringen diese Biogarten-Methoden die Nährstoffe ins Gleichgewicht.

Mulch: Eine Decke aus pflanzlichen Abfällen hält den Boden feucht, locker und ernährt die Bodenlebewesen.

Kompost: enthält alle Nährstoffe, die Pflanzen benötigen. Voraussetzung ist eine gute Vermischung holziger und grüner Abfälle, gleichmäßige Feuchtigkeit. Algenkalk, Gesteinsmehl oder Bentonit tragen zur Bildung von Ton-Humus-Komplexen bei und verbessern die Qualität des Komposts. Der reife Kompost wird im Frühjahr in die obere Bodenschicht eingearbeitet.

Pflanzenjauchen: Brennnesseljauche enthält vor allem Stickstoff, aber auch Spurenelemente und Bakterien, die den Boden bereichern. Im Verhältnis 1 : 10 verdünnt in den Wurzelbereich der Pflanzen gießen.

Hilfsstoffe: Bentonit und Gesteinsmehle enthalten Spurenelemente und tragen zur besseren Verfügbarkeit der Nährstoffe im Boden bei. Kalk ist ein wichtiger Pflanzennährstoff, hebt den pH-Wert an und verbessert die Bodenstruktur.

Gründüngung: Leguminosen, wie Erbsen, Bohnen, Lupinen, Wicken oder einjährige Kleearten, sammeln mithilfe von Knöllchenbakterien in ihren Wurzeln Luftstickstoff, der dem Boden zugute kommt. Senf, Raps, Ölrettich und Phacelia lockern den Boden.

Humuskur für guten Boden

Diese alte Biogärtner-Methode verbessert den Boden innerhalb kurzer Zeit. Die Grabegabel senkrecht in den Boden stechen und den Stiel kräftig hin und her kippen. Etwa 20 cm hinter dem ersten Stich die Grabegabel erneut ansetzen und den Vorgang wiederholen. Rückwärts gehend wird die gesamte Fläche bearbeitet, denn das gelüftete Land soll nicht mehr betreten werden. Beikräuter und Pflanzenreste zieht man mit der Hand aus dem Erdreich.

Die gelockerte Fläche wird mit einer Mulchschicht aus Rasenschnitt, Laub oder Pflanzenresten bestreut – als Futter für Regenwürmer und andere Bodenlebewesen.

Auf leichten, lockeren Böden darf die Mulchschicht 20–30 cm und höher sein. Im Februar wird der Mulch weggeharkt, damit sich die Erde rechtzeitig erwärmt. Lehmige Böden bedeckt man, wenn sie schwer zu bearbeiten sind, nach dem Lockern nur mit einer dünnen Mulchschicht. Sie hält die Kälte nicht ab, und die Frostgare erleichtert die Bearbeitung. Im Frühjahr bringt man reifen Kompost aus. Sobald die jungen Pflanzen nicht mehr allzu sehr von Schnecken bedroht werden, bedeckt man alle offenen Stellen im Beet 1–3 cm dick mit Rasenschnitt, Blättern oder ausgerupftem Wildkraut. Alle 2–3 Wochen wird neuer Mulch aufgelegt – das frische Material ist Feinkost fürs Bodenleben. In den Folgejahren versorgt man das Beet jährlich mit Kompost.

Ein Dünger namens Kompost

Aus dem Garten für den Garten: Das »braune Gold« ist als Pflanzenfutter nicht zu schlagen.

Kompost enthält eine geballte Ladung von Nährstoffen. Diesen Naturdünger stellen wir im Garten ohne hohen Aufwand selber her. Wie gut und gehaltvoll dieser Kompost wird, das hängt von verschiedenen Faktoren ab, die gut aufeinander abgestimmt und gesteuert werden müssen:

- Art und Zusammensetzung der Gartenabfälle
- Rotteverlauf
- Abdeckung
- Verrottungsgrad bei der Verwendung

Kompost enthält alle Haupt- und Spurennährstoffe, die Pflanzen zum Wachsen und Gedeihen benötigen. Man kann sie allein mit Kompost ernähren. Als Problem erweisen sich oft die in diesem Naturdünger enthaltenen hohen Anteile von Phosphor und Kali. Diese Hauptnährstoffe sind in den meisten Gartenböden ohnehin zur Genüge vorhanden. Bodenkundler beklagen seit Jahrzehnten, dass die meisten Böden der Haus- und Kleingärten mit Phosphor und Kalium überdüngt sind, nicht allein durch die Zufuhr organischer oder mineralischer Dünger, sondern oft durch fortgesetzte Versorgung des Bodens mit Kompost. Die Folge:

Ein Überschuss dieser beiden Nährstoffe blockiert die Aufnahme von Stickstoff, Kalk, Magnesium, Eisen und anderen Spurenelementen. Ein Zuviel an Kalium und Phosphor ist nur sehr schwer wieder abzubauen. Bei sehr hohen Phosphorwerten sollte man die Versorgung des Bodens mit Kompost für zwei bis drei Jahre aussetzen. Bei einer Fruchtfolge von Stark-, Mittel- und Schwachzehrern verringert diese Gefahr, wer nur die Starkzehrerbeete mit Kompost düngt. Fruchtgemüse, wie Tomaten, Gurken, Kürbis und Zucchini, helfen, Phosphor abzubauen, viel Kali brauchen Spinat und Sellerie. Für den gesamten Garten reicht die Menge des Komposts ohnehin meist nicht aus.

Die Temperatur macht das Tempo

Je höher der Anteil an grünen Abfällen ist, desto höhere Temperaturen entwickelt der Kompost. Bei 60 °C werden Unkrautsamen, die Wurzeln von Wurzelunkräutern und sogar hartnäckige Krankheitskeime wie der Erreger der Kohlhernie abgetötet. Voraussetzung ist, dass die verschiedenen Kompostabfälle gut vermischt in möglicht großer

In Schnellkompostern aus Kunststoff geht die Rotte zügig voran – vorausgesetzt Gärtner befüllen sie mit einer ausgewogenen Mischung aus krautigen Grünabfällen und holzigem Material.

10 Regeln für guten Kompost

1 Der beste Kompostplatz liegt im Halbschatten unter einem Baum oder Strauch. Holunder nimmt nährstoffhaltige Sickerwässer auf.

2 Zunächst lockert man den Boden auf max. 3 m Breite und in gewünschter Länge des Komposthaufens oder der Kompostmiete.

3 Anschließend wird eine 10 cm hohe Schicht groben Materials auf dem gelockerten Boden ausgebreitet. So verhindern man, dass die dort aufgeschichteten Kompostabfälle vedichten. Außerdem können so Regenwürmer leichter in den Kompost eindringen.

4 Grünes Material vermischt man gründlich mit trockenem. Langstielige Abfälle sollten mindestens auf Bleistiftlänge zerkleinert werden.

5 Die Kompostabfälle locker zu einem Haufen/einer Miete mit trapezförmigem Querschnitt aufschichten: max. 1,50 m hoch.

6 Zwischen die Abfälle hin und wieder eine Schaufel voll alten Kompost, Gartenerde oder eine Handvoll von Kompostzusätzen streuen. Ist das Material sehr trocken, feuchtet man es lagenweise mit Wasser an.

7 Abschließend den Kompost mit frischen Pflanzenabfällen, alten Decken, Pappe, Vlies oder anderen durchlässigen Materialien abdecken.

8 Von Zeit zu Zeit die Rotte kontrollieren und bei Bedarf den Komposthaufen auflockern oder befeuchten.

9 Die beste Zeit, Kompost auf den Beeten auszubringen, ist die erste Jahreshälfte von Anfang März bis Mitte Juni.

10 Frischkompost enthält viele Nährstoffe. Er ist oft nach wenigen Monaten verwendbar. Er dient zum Düngen bestehender Pflanzungen oder wird längerfristig vor dem Pflanzen eingearbeitet. Reifkompost ist stickstoffärmer und frühestens nach einem Jahr fertig. Er dient zur unmittelbaren Vorbereitung der Beete zum Säen und Pflanzen.

Kompostzusätze

Kalk: B ogärtner verwenden mild wirkenden Algenkalk oder Kohlensauren Kalk ($CaCO_2$). Da der Kompost aber auch ohne Kalk einen pH-Wert zwischen 6,5 und 7, also den neutralen Bereich erreicht, ist eine Kalkzufuhr meist überflüssig.

Gesteinsmehl: Dieses Pulver ist vor allem in Regenwurm- oder Kunststoffkompostern eine sinnvolle mineralische Komponente. Die feinen Partikel binden Nährstoffe und enthalten wertvolle Spurenelemente.

Tonminerale (Bentonit): Die Wirkung ist eine ähnlihce wie die von Gesteinsmehl. Bentonit speichert außerdem viel Wasser.

Hornspäne, Hornmehl: Diese organischen Stickstoffdünger können die Rotte fördern. Sinnvoll wenn der Anteil der holzigen Abfälle sehr hoch ist. Wichtig ist eine ausreichende Befeuchtung der Abfälle. Brennnesseljauche enthält ebenfalls Stickstoff.

Kompoststarter: enthalten Stickstoff, Steinmehl und Bakterien, die die Rotte fördern. Einem Kompost, der zum ersten Mal aufgesetzt wird, bieten sie eine gute Starthilfe.

Humofix: ein Pulver aus der Abtei Fulda aus fünf Heilkräutern, Eichenrinde, Milchzucker und Honig. Es soll innerhalb weniger Wochen die Abfälle in Humus verwandeln.

Biologisch-dynamische Kompostpräparate: Von *Demeter*-Bauern und -Gärtnern fermentierte Wildkräuter und Eichenrinde, in homöopathischen Dosen in die Kompostmiete gegeben, sorgen für walderdeähnlichen Humus.

Effektive Mikroorganismen (EM): Eine Mischung verschiedener Bakterien soll Abbauprozessen im Boden entgegenwirken, die durch die Luftverschmutzung verursacht werden. Ihre Wirkung ist umstritten, aber viele Biogärtner machen gute Erfahrungen mit EM.

Menge auf einmal aufgesetzt werden. In vielen kleinen Gärten fallen jedoch eher sporadisch geringe Mengen an. Eine starke Erwärmung tritt so meist nicht ein. Ein kalter Kompost braucht länger, bis er verrottet ist. Was den Gehalt an Mikroorganismen, Kompostwürmern, Ton-Humus-Komplexen und Nährstoffen betrifft, ist er jedoch nicht schlechter als ein Heißkompost. Aufgrund der fehlenden Hitze entfällt jedoch die sterilisierende Wirkung. Rückstände von Pflanzen, die mit »harmlosen« Krankheiten wie Mehltau befallen sind, dürfen dennoch auf den Kompost, an Kohlhernie erkrankte Pflanzen kommen dann besser in die Biotonne.

Meist reichen als Zusatz ein paar Schaufeln eines fertigen Komposts als Starthilfe. Nicht auf die Zusätze, sondern auf eine sorgfältige Auswahl und Mischung der Materialien und eine kontrollierte Rotteführung kommt es bei der Kompostierung an.

Kompostierung in Behältern

Die einfachste Methode der Kompostierung besteht darin, die Abfälle einfach auf einen Haufen zu werfen, von Zeit zu Zeit umzusetzen und, wenn sie verrottet sind, auf den Beeten zu verteilen. Doch was tun, wenn der Garten klein und der Platz knapp ist? Dann gehen viele Gartenfreunde dazu über, den Kompost einzufassen und in Behältern zu kompostieren.

Kompostlegen aus Holz

Sie sparen Platz, und man kann sie aus alten Brettern selber bauen. Von Legen aus kesseldruckimprägniertem Holz ist abzuraten. Dieses Holz enthält Schwermetalle und ist bei Weitem nicht so haltbar wie angepriesen. Haltbar und umweltfreundlich sind Komposter aus Lärchenholz.

Thermokomposter aus Kunststoff

In diesen Kunststoffbehältern entwickeln die Abfälle hohe Temperaturen bis zu 60 °C. Voraussetzung: eine gute Mischung grüner und holziger Abfälle auf einmal bis an den Rand einfüllen. Anschließend die Rotte fortwährend kontrollieren und bei Bedarf steuern.

Stabil und langlebig: gemauertes Silo

Wirklich haltbar und dabei auch kompostgerecht sind gemauerte Behälter. Für sie gelten dieselben Grundregeln wie für die Kompostierung sonst auch: Sie stehen am besten an einem halbschattigen Platz, zu dem sowohl genügend Sonne als auch Regen Zugang haben. Ideal ist die Nachbarschaft eines Holunderstrauchs. Im Übrigen muss der Austausch von Luft und Feuchtigkeit gewährleistet sein. Die Größe richtet sich nach der Menge von Gartenabfällen. Wo viel Gehölz-, Stauden- oder Rasenschnitt anfällt, braucht man eine größere Box als in einem kleinen Kräutergarten.

Empfehlenswert ist eine Mindestgröße von 1 m × 1 m × 1 m Innenmaß je Box. Der Kompostplatz besteht im Idealfall aus zwei Boxen. Größer als 1,50 m × 1,50 m × 1,0 m sollten die Silos aber auch nicht sein. Sie lassen sich schwer bearbeiten. Verwendet werden können Vollziegel, Gitterziegel, durchlöcherte Kalksandsteine oder andere Kunststeine mit ähnlichen Maßen und Strukturen. Alte Vollziegel aus einem Abbruch oder von einer Bauschuttdeponie eignen sich gut für das Mauerwerk. Allerdings lassen sich an den Ziegeln anhaftender alter Mörtel und Putz nicht immer leicht von den Steinen lösen. Nur von sehr alten Ziegeln kann man den Mörtel mühelos abschlagen. Nach der Art und Größe der Steine berechnet man die Menge für die Rückwand sowie die Seiten-

---

Was ist erlaubt?

Alles Verrottbare darf auf den Kompost, außer:

- mit Schadstoffen belastete Materialien: bunt bedrucktes Papier, lackiertes Holz, Staubsaugerinhalt, Kohlenasche, Haustierkot, Straßenkehricht, pflanzliche Abfälle vom Straßenrand
- Gekochte Speisereste, Fleisch- und Fischabfälle
- Pflanzen und Pflanzenreste, die von gefährlichen Krankheiten und Schädlingen befallen sind, z. B. Feuerbrand, Kohlhernie

Bedingt komposttauglich sind:

- Unkräuter, die bereits Samen angesetzt haben
- Pflanzen und Pflanzenteile mit weniger gefährlicher Krankheiten (z. B. Mehltau)
- Holzasche
- Schalen von Zitrusfrüchten
- Schnittblumen aus dem Blumenladen
- Der Anteil der Abfälle, die nicht aus dem eigenen Garten stammen, sollte möglichst gering gehalten werden

Je mehr Kompostabfälle aus dem eigenen Garten stammen, desto besser: Sie sind garantiert frei von Schadstoffen.

wände und die Zwischenwand. Zum Schutz vor Wühlmäusen empfiehlt es sich, den Boden mit Gitterziegeln auszulegen. Wo der Boden sehr lehmig ist, verlegt man diese Steine am besten so auf einer 10–15 cm dicken Kiesschicht, dass das Sickerwasser zuverlässig aus dem Kompost abfließen kann.

Kompostieren in der Doppelbox

Zunächst sammelt man die Abfälle in der ersten Kammer der Doppelbox. Trockene und feuchte Abfälle immer wieder miteinander vermischen. Beim ersten Mal kann ein Kompoststarter, ein Bodenaktivator, Urgesteinsmehl (für lehmigen Boden) oder Bentonit (für durchlässigen Boden) zwischen die Abfälle gestreut werden. Ist bereits fertiger Kompost vorhanden, reicht es, davon ein paar Schaufeln voll mit einzumischen. Wenn die erste Kammer voll ist, setzt man die angerotteten Abfälle in die zweite um, das heißt, der Inhalt von Kammer 1 wird mit einer Grabe- oder Mistgabel in Kammer 2 geschaufelt. Dabei sollte man die unterschiedlichen Materialien noch einmal gründlich miteinander vermischen. Anschließend sammelt man wieder neue Abfälle in der ersten Kammer.

Wer sogar eine dritte Kammer errichtet, hat die Möglichkeit, einen Teil des Komposts noch ein weiteres Jahr zu lagern, um ihn z. B. auch für selbst hergestellte Topferden zu verwenden. Aber für eine sinnvolle und bequeme Kompostwirtschaft genügen zwei Boxen vollkommen.

Ist im Garten nur Platz für einen Kasten, funktioniert die Rotte auch. Allerdings dauert sie dann länger oder der Kompost muss innerhalb der einen Box mindestens einmal umgeschichtet (kräftig durchmischt) werden.

Schritt für Schritt zum Stein-Silo

Vorbereiten: Den Platz mit Pflöcken an vier Ecken abstecken, und die Pflöcke mit Schnüren verbinden. Den rechten Winkel einmessen, indem man an einem Schenkel 60 cm und am zweiten 80 cm abmisst. Die Verbindung zwischen beiden Maßen muss genau 100 cm betragen. Die Fläche sollte völlig eben sein. Mit einem geraden Brett prüfen, auf dessen Kante eine Wasserwaage befestigt ist.

Fundament: Am besten ist es, in den Abmessungen der zukünftigen Kompostbox Gitter- oder Lochsteine auf dem Boden auszulegen. Sie verhindern, dass Wühlmäuse von unten in den Kompost eindringen und darin ihr Nest oder eine Vorratskammer bauen. Man legt sie so tief, dass ihre Oberfläche in Höhe des umgebenden Erdreichs liegt. Diese Steine bilden das Fundament für die Kompostbox. Bei sehr lehmigem Boden empfiehlt es sich, zunächst etwa 10 cm dick Kies als Dränageschicht auszubringen, auf der dann die Gittersteine verlegt werden.

Mauern: Zement und Flusssand im Verhältnis 1 : 3 mischen und langsam Wasser zugeben, bis der Mörtel leicht cremig wird. Diesen etwa 1 cm dick auftragen, die Steine nach der Schnur aufsetzen und mit einem Gummihammer leicht anklopfen. Die Steine der zweiten Reihe versetzt mauern, sodass sie die senkrechten Fugen der ersten Reihe überdecken. Ebenso die dritte Reihe aufsetzen.

Vollziegel und andere Vollsteine so anordnen, dass die senkrechten Fugen etwa $1/3$ der Länge des Steins betragen. Diese Fugen bleiben offen. Die jeweilige nächste Reihe überdeckt die darunter liegende offene Fuge.

Gitter- und Lochsteine werden auf die Seite gelegt und gemauert, sodass die Löcher oder Gitter waagerecht liegen.

Zwischenwand: Die Wand zwischen den Kompostkammern mit den Außenwänden verbinden und in gleicher Weise mauern.

Öffnung: Zur Entnahme des Komposts lässt man an den Vorderseiten eine Öffnung frei. Rechts und links ein Brett oder eine Metallschiene in Breite des Mauerwerks andübeln. Daran werden die Führungsleisten für die Bretter schräg angebracht. Eine Stoppleiste an der Rückseite verhindert, dass die eingeschobenen Bretter ins Innere rutschen.

Deckel: Er kann aus Brettern, wasserfestem Sperrholz oder Alublech bestehen.

Mauersteine

Vollziegel, früher Backsteine oder Ziegelsteine genannt, werden aus Ton und Lehm gebrannt, sie sind porös, enthalten jedoch keine Hohlräume. Ein Ziegelstein (Normalstein) hat die Maße 24 × 11,5 × 7,1 cm.

Lochziegel (Hohlziegel) gibt es in denselben Maßen wie Vollziegel. Sie sind allerdings in ihrer Mitte mit Löchern versehen und dadurch deutlich leichter als Vollziegel.

Gitterziegel sind in unterschiedlichen Abmessungen erhältlich. Ihre Hohlräume sind gitterartig angeordnet.

Kalksandsteine gibt es wie Ziegel in verschiedenen Variationen und Maßen als Voll- oder Lochsteine. Sie bestehen aus Sand, Kalk und Wasser und zählen zu den beliebtesten Mauersteinen.

Tipp: Unabhängig von der Breite der verwendeten Steine, richtet man sich in jedem Fall beim Bauen nach dem Innenmaß der Kompostboxen.

Den Boden legt man vor dem Mauern mit Gitter- oder Lochsteinen aus. So erhalten die Boxen ein Fundament, und Wühlmäuse bleiben draußen. Auch Hohlblocksteine eignen sich, sofern sie auf der Ober- und Unterseite offen sind. Mit der Zeit sinken die Steine in den Boden ein.

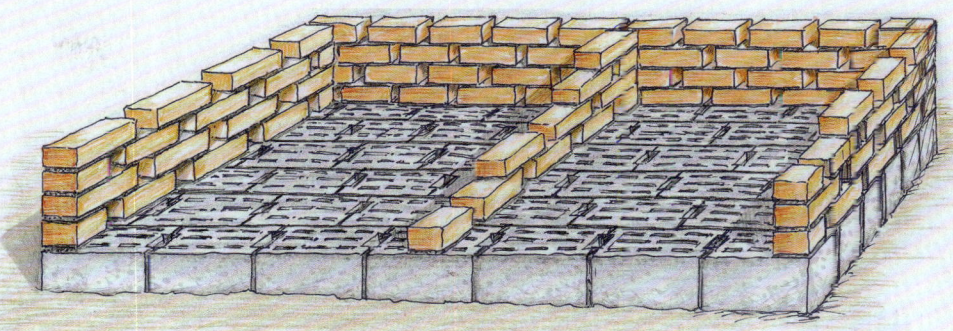

Diese Kompostboxen sind aus Vollziegeln gemauert. Durch die extrabreiten Fugen kann die Luft gut zirkulieren.

Die schräge Lage der Bretter ermöglicht einen ungehinderten Luftaustausch. So wird auch das Holz nicht so schnell morsch. Die Bretter lassen sich leicht nach oben herausziehen, um den fertigen Kompost zu entnehmen.

Lochsteine oder Gitterziegel aller Art eignen sich gut für Komposter. Sie werden so gemauert, dass die Öffnungen waagerecht liegen.

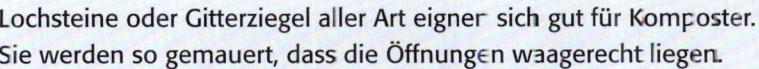

Grundsätzlich lassen sich alle Mauersteine zum Bau von Kompostern verwenden. Am besten beschränkt man sich dabei jedoch auf eine Art mit einheitlichen Maßen.

Mulchen, hacken, Wasser sparen

Biogärtner haben einige Tricks auf Lager, wie sie ihren Pflanzen
zu üppigem Wachstum verhelfen und gleichzeitig Ressourcen schonen.

Das Mulchen ist eine uralte Methode, die wohl dort entstand, wo
aus Jägern und Sammlern Bauern
und Gärtner wurden. Die Menschen waren
auf die Ernte aus eigenem Anbau angewiesen, um zu überleben. Je schneller, gesünder und größer die Rüben und Knollen
wuchsen, desto besser für die ersten Ge-
müseanbauer. Die Abfälle aus der Küche
warf man zwischen das junge Gemüse auf
die Beete, und nachdem dort die Pflanzen
besonders gut gediehen, behielt man diesen Brauch bei.

Zwei Methoden, ein Ziel

Das Hacken, ebenfalls eine nützliche Erfin-
dung, kam ewas später auf. Diese Gärtner-
Gewohnheit fördert die Durchlüftung des
Bodens und behindert die Verdunstung des
Bodenwassers. Außerdem ist es eine wirk-
same Methode, um Wildkräuter, die dem
Gemüse Platz und Nährstoffe streitig
machen, zu entfernen. Die Hacke trennt
den oberirdischen Teil der Pflanze von der
Wurzel.

Mulchen hat dieselben Vorteile wie Hacken
und noch einige mehr. Es ist jedoch keine
Glaubensfrage, ob Gärtner lieber hacken
oder mulchen, sondern hängt eher von
den Gegebenheiten vor Ort ab, vom Boden
oder den zur Verfügung stehenden Mulch-
materialien.

Mulchen bedeutet, den Boden zwischen
Gemüse, Stauden, Gehölzen zu bedecken.
Es gibt inzwischen verschiedene Mulch-
materialien, natürliche und künstliche, wie
Mulchpapier oder Mulchfolie, wie sie im
Profianbau verwendet wird.

Für Gemüse und Salate eignet sich am
besten eine Decke aus Pflanzen. Das
können Brennnesseln sein, Beinwell, Rasenschnitt, gejätete Wildkräuter (ohne Samenstände), Ringelblumen, weiche, grüne Stau-
denabfälle oder junge Triebe vom Hecken-
schnitt (z. B. Liguster). Im Frühjahr verwenden Gärtner auch gerne die großen Blätter
des Rhabarbers, oder sie mähen die Blätter
von Giersch und Löwenzahn ab, um sie
zwischen den ersten Kohlrabi- und Salat-
Setzlingen zu verteilen. Alles, was sich leicht
platzieren lässt und schnell verrottet, kann
man verwenden. Brennnessel, Beinwell,

Erdbeerbeet mulchen Biogärtner gerne
mit Stroh: Die Früchte faulen darauf
nicht so schnell wie auf nasser Erde.
Außerdem bewahrt es eine gleichmäßige Bodenfeuchtigkeit.

Oben links: Mulchfolie unterdrückt
Wildkräuter zuverlässig.

Oben rechts: Mulchvliese können,
geschickt ausgelegt, den Boden zwischen
Stauden vollständig bedecken. So haben
selbst Giersch und Quecke kaum noch
eine Chance.

Unten links: Mulchpapier verrottet
mit der Zeit.

Unten links: Unter Rindenspänen,
Holzhäckseln oder auch Kies lassen sich
die Unkrautvliese gut verstecken.

Gierschblätter und anderes Grünzeug
geben beim Zersetzen Nährstoffe ab und
wirken als leichter Dünger.
Stroh, Rindenstücke, Karton und andere
trockene Materialien eignen sich nicht fürs
Gemüsebeet.
Gemüse, das flach wurzelt, wie Gurke,
Paprika oder langsam wachsendes wie
Sellerie, Lauch oder Rote Bete, kommt
die grüne Decke besonders gelegen.
Kopfsalate, Kohlrabi, Weißkraut und andere
Kohlarten wachsen mit der Zeit so in die
Breite, dass sie mit ihren Blättern den

Boden beschatten und in diesem Stadium
dann ganz gut alleine zurechtkommen,
wenn Mulchmaterial knapp ist. Vorrang
sollten immer die Setzlinge haben. Sie
sind großflächig von nackter Erde umgeben
und schätzen diesen grünen Schutz.
Aussaaten werden nicht gemulcht, sie
könnten sonst leicht unter »die Räder«
kommen.

Was Mulch bewirkt

Die grüne Decke bildet eine Sperre zwischen Boden und Luft, zwischen denen
normalerweise ein ständiger Austausch
stattfindet und zwar von

- Luft (Sauerstoff, Kohlendioxid)
- Wasser
- Nährstoffen (z. B. Stickstoff)
- Wärme

Eine Mulchschicht verzögert diesen Vorgang. Für das Pflanzenwachstum ist vor
allem der Austausch vom Boden in die Luft
entscheidend.
Mulch hält den Boden feucht, das heißt,
die Pflanze muss keinen Durst leiden oder
hungern, denn es steht ausreichend Wasser
zur Verfügung, und sie kann problemlos
Nährstoffe ansaugen.
Auch das Bodenleben profitiert von der
grünen Sperre, durch die etwa $1/3$ weniger
Wasser verdunstet als auf unbedecktem
Boden. In trockener Erde kommt es zum
Stillstand, die Mikroorganismen zerkleinern
keine Pflanzenreste, liefern keinen Nähr-
stoffnachschub, bilden keinen Humus.
Natürlich sollte der Wasserspeicher gefüllt,
die Erde möglichst bis in 30 cm Tiefe mit
Wasser vollgesogen sein, bevor man den
Mulch auflegt. Üblich ist es, den Boden
nach einem ausgiebigen Regen mit zuvor
gesammelten Pflanzenabfällen zu bedecken. Falls der über längere Zeit ausbleibt,

muss der Gartenschlauch oder die Gieß-kanne das Beet mit dem nötigen Nass versorgen. Auch nachdem der Mulch aus-liegt, kann bei Bedarf gegossen werden, ohne dass man ihn beiseitigen muss. Das Wasser verteilt sich dann breitflächig und sickert in den Boden.

Ist die grüne Decke sehr hoch und dicht – Beinwellblätter decken z. B. sehr breitflächig ab – sammelt sich ein Teil des Wassers in dieser Schicht. Dann lohnt es sich, diese um die Pflanzen vor dem Gießen mit einem Rechen oder einer Hacke etwas beiseitezu-schieben. Die Pflanzenreste sollten ohnehin nicht die Gemüse- und Salatpflanzen berüh-ren, sondern etwa eine Handbreit Abstand halten. Das verschafft dem Gemüse Platz und erleichtert das Gießen.

Der grüne Mantel **beeinflusst auch die Bodentemperatur, indem er Temperatur-schwankungen dämpft**. Je nach Jahreszeit profitieren die Pflanzen davon in unter-schiedlicher Weise.

Sobald der Boden im Frühjahr aufgewärmt ist, kann man die grüne Schicht ausbringen. Sie verhindert, dass in frostigen Mainäch-ten Wärme verloren geht und in heißen August-Wochen der Boden aufgeheizt wird.

Zum Herbst hin, wenn die Nächte kälter werden, bleibt es unter der grünen Schicht noch lange angenehm warm und die letz-ten Salate oder Wintergemüse wachsen zügig weiter. Dieser ausgleichende Effekt, sowohl was Erdfeuchte als auch -wärme betrifft, ist das größte Plus des Mulchens. Denn nur Gemüse, das stressfrei und gleichmäßig wächst, liefert zarte Blätter, saftige Früchte oder knackige Rüben.

Nur in sehr nassen, schneckenreichen Jah-ren, reduzieren selbst überzeugte Mulcher ihre Pflanzendecken: Schnecken nutzen sie leider gerne als Unterschlupf.

Mulchmaterialien im Überblick

Mulchmaterial	Vorteile	Nachteile	Wo ausbringen?	Anmerkungen
Rasenschnitt	hält den Boden feucht, düngt sanft, führt Humus zu, hindert Samenunkräuter am Keimen	lockt Schnecken an; dicke Schichten verpilzen und versiegeln den Boden mit einer wasserabweisenden Schicht	Gemüsebeete, Beerenobststräucher, Baumscheiben von Obstbäumen	erst ausbreiten und anwelken lassen, dann 3–4 cm dick ausstreuen; frischen Rasen-schnitt höchstens 2 cm dick ausbringen
Beinwell, Brenn-nesselblätter, Ringelblumen, frisch gejätetes Unkraut	hält den Boden feucht, düngt leicht, führt Humus zu, unterdrückt Samenun-kräuter	lockt Schnecken an	Gemüsebeete, Beerenobststräucher, Baumscheiben von Obstbäumen	nur Stängel, die nicht blühen, sonst Samenverbreitung; 10 cm dicke Schichten möglich
Rindenhäcksel, Pinienrinde, Holzhäcksel	hält den Boden dunkel und feucht, 5–7 cm dicke Schichten unterdrücken Samen- und teilweise Wurzelunkräuter	bindet Stickstoff aus dem Boden, wirkt versauernd	zwischen Stauden, Ziergehölzen, unter Hecken, im Moorbeet	unter Baum- und Beerenobst nur nach vorheriger Düngung mit Hornspänen einsetzen!
Stroh, Holzspäne	bedeckt den Boden, hält z. B. Erdbeerfrüchte trocken	bindet Stickstoff aus dem Boden	Erdbeerbeete	vor dem Ausbringen mit Hornspänen düngen
Stallmist	starke Düngung, führt dem Boden viel Humus zu, belebt das Bodenleben	lockt Gemüsefliegen an; die hochkonzentrierten Nährstoffe können ausgewaschen werden	auf leeren Gemüsebee-ten, auf denen Starkzeh-rer, wie Mais, Kopfkohl, Kartoffeln, angebaut werden sollen	nur gut verrotteten Stall-mist (mindestens 6 Monate gelagert) verwenden
Grünabfälle und Rohkompost	düngt den Boden und führt Humus zu, fördert das Bodenleben	auf leeren Beeten, die nicht bestellt werden; lockt Schnecken an	Gemüsegarten, Brachland	klein gehäckselte Komposma-terialien oder halb verrotteten Kompost
Gelochte Mulchfolie, Mulchvlies, Mulch-papier, Mulchmatten aus Kokosfaser	hält den Boden dunkel, feucht, wasserdurchlässig, unterdrückt Samen- und Wurzelunkräuter	am Rand eingraben oder mit Rindenmulch oder Kies gegen Wegfliegen bedecken	Gemüsegarten, Bee-renobst, Staudenbeet, Baumscheiben, Hecken, Wege	es gibt aus Naturstoffen wie Maisstärke hergestellte Folien und Vliese
Pappe	hält den Boden dunkel und feucht, unterdrückt Samen- und Wurzelunkräuter	bindet Stickstoff; mit Rin-denmulch oder Kies ge-gen Wegfliegen bedecken	zwischen Ziergehölzen, Stauden, unter Hecken	nur unbedruckte Pappen verwenden; mehrere Lagen übereinanderlegen

Wie Biogärtner Wasser sparen

Egal ob der Sommer sich verregnet anfühlt oder so sonnig und warm, wie wir ihn uns wünschen: Kaum ein Jahr vergeht ohne eine mehrwöchige Trockenperiode mitten in der Wachstums- und Reifephase vieler Blüten, Blätter und Früchte. Meist geht sie mit großer Hitze einher, bei der jede Feuchtigkeit ruck, zuck in die Luft verdunstet. Solche Verluste gleichen auch Gewitternächte mit Starkregen kaum aus. Zumal ausgedörrter Boden die großen Wassermengen innerhalb kurzer Zeit nicht aufsaugen kann und ein Großteil des Regens in die Kanalisation abfließt, bevor er die Wurzeln durstiger Gewächse erreicht hat. **Pflanzen reagieren auf Trockenheit prompt:** Damit die Hitze ihnen so wenig Wasser wie möglich entzieht, schließen sie

die Spaltöffnungen an ihren Blättern. Sind diese Atemlöcher zu, gelangt allerdings kein CO_2 hinein, ein wichtiger Treibstoff für die Photosynthese. **Ein Mangel führt also zum nächsten.** Lässt der Wassernachschub länger auf sich warten, stockt das Wachstum, bleiben Früchte klein und Gemüse wird holzig.

Damit es so weit nicht kommt, plätschern in vielen Gärten täglich etliche Liter Leitungswasser in die Beete. Allerdings ist sauberes Trinkwasser ökologisch und wirtschaftlich eigentlich zu kostbar, um im Boden zu versickern. Zumal die Pflanzen auf diese Art von Wasserqualität gar keinen Wert legen. Deshalb haben erfahrene Biogärtner einige Tricks bewahrt, die helfen Wasser zu sparen – aus Zeiten, in denen es weder in Haus noch Garten fließendes Wasser gab, sondern Kanne für Kanne aus dem Brunnen herangeschleppt werden musste.

- Biogärtner säen möglichst viele Samen direkt ins Beet. Die Wurzeln solcher Pflanzen verankern sich meist tiefer in der Erde als die Ballen gepflanzter Sämlinge.
- Sie erziehen ihre Pflanzen zu Tiefwurzlern. Das gelingt, wenn man seltener wässert, dafür durchdringend. Wird der Boden nämlich immer nur oberflächlich feucht, bilden Pflanzen auch nur dort Feinwurzeln, über die sie Wasser aufsaugen. Sie dringen nicht weiter nach unten vor, wo möglicherweise auch während Trockenperioden noch Wasser zu finden wäre. Damit auch in der Tiefe Wurzeln wachsen, muss der Boden bei jedem Gießgang 15–20 cm tief durchfeuchtet werden. Das passiert, wenn pro m² 15–20 Liter Wasser auf die Erde treffen. Sind die Pflanzen erst gut eingewachsen, genügen 1–2 Gießtermine pro Woche.
- Sie gießen möglichst nur am Morgen oder Abend, nie während der Mittagshitze, wenn viel Wasser verdunsten würde. Um Pilzkrankheiten und Schneckenfraß vorzubeugen, empfehlen Experten die morgendliche Gießrunde.
- Sie wässern gezielt den Wurzelbereich, statt flächig das gesamte Beet zu überbrausen. Das gilt auch für Bäume, deren Feinwurzeln vor allem im Bereich des Kronenrandes liegen.
- Sie versorgen ihre Beete jährlich mit Kompost, der das Erdreich mit Humus füttert. Denn humose Böden speichern Wasser besonders lange.
- Sie hacken den freien Boden im Gemüse- und Blumenbeet alle ein bis zwei Wochen oberflächlich (!) auf, um die Verdunstung zu senken. Dadurch werden die feinen Kanäle unterbrochen, durch die Bodenfeuchtigkeit aufsteigt.

Wer mit dem Wissen von früher gießt, verbraucht wenig Wasser.

Sie gelangt nur noch bis zu den Wurzeln. Eine alte Gärtner-Regel besagt: 1 × hacken ersetzt 2 × gießen.

■ Sie bedecken offenen Boden mit Mulch (siehe S. 117–119), am besten unmittelbar nach dem Hacken. Rasenschnitt, Jätegut, Ernteschnitt: Alles, was die Verdunstung senkt, prasselnden Starkregen abfängt und das Bodenleben vor Überhitzung bewahrt, ist auf den Beeten willkommen. Wachsen in extrem trockenen Sommern nicht einmal mehr Rasen und Unkraut, ist Fantasie gefragt. Auch (feuchte) Jutesäcke, Bettlaken oder durchlöcherte Pappkartons bilden im Ausnahmefall eine Barriere gegen dörrende Sonnenstrahlen. Selbstverständlich werden diese Art von Mulchdecken nach Ende einer Hitzeperiode wieder von den Beeten entfernt.

Günstig gießen aus der Tonne

Das Gießwasser von Biogärtnern stammt, so oft es geht, aus der Regentonne, selten aus dem Gartenschlauch. Das spart nicht nur Leitungswasser, sondern kommt auch den Pflanzen zugute. Denn mit unter 5 °dH ist Regenwasser deutlich weicher und verträglicher als das kalkhaltige Leitungswasser vieler Regionen. Außerdem reichert sich darin weder Nitrat noch Chlor oder Phosphor an. Dass Regen leicht sauer ist, schadet Gartenpflanzen nicht. Und: Regenwasser aus der Tonne ist stets wohltemperiert, während Leitungswasser kalt aus dem Hahn kommt und Pflanzen an heißen Tagen regelrecht einen Schock versetzt. Wäre sie auf Abruf verfügbar, würde die Regenmenge pro Jahr und m² hierzulande genügen, um den Garten zu versorgen. Je mehr Regen Gärtner also auffangen,

desto länger sind sie unabhängig von Leitungswasser und Wetter. Die besten Sammelflächen sind die Dächer von Wohnhaus, Schuppen und Gewächshaus. Je steiler das Dach, desto sauberer ist das gewonnene Wasser. Gitter am Eingang vieler Fallrohre fangen meist ohnehin den gröbsten Schmutz ab. Zusätzlich kann man weitere Filter, etwa aus Textilgewebe, nachschalten. Alle übrigen Feinteile sinken mit der Zeit zu Boden und beeinträchtigen die Wasserqualität nicht, wenn das Regenfass am Ende der Gartensaion beim Entleeren jährlich gründlich ausgespritzt wird.

Bei Abzweigungen aus Fallrohren haben sich Regensammler bewährt. Sie filtern Schmutzpartikel heraus und sind mit einem Überlaufstopp ausgestattet, der überschüssiges Regenwasser in die Kanalisation leitet. Damit das so selten wie möglich geschieht, reihen manche Gärtner mehrere Behälter aneinander und verbinden sie über wassergefüllte Schläuche, die jeweils bis zum Boden reichen.

Als Auffang-Behälter eignen sich Kunststofftonnen ebenso wie Holzbottiche oder Steintröge. Nur von Gefäßen aus Metall sieht man besser ab: Daraus können sich Giftstoffe lösen, die beim Gießen in den Boden gelangen. Praktisch sind Tonnen mit Hahn, über den sich Gießkannen bequem füllen lassen. Ein Deckel verhindert, dass Keime und Algen sich vermehren und Tiere oder Kinder ins Regenfass fallen.

Wie erfolgreich die geschickte Mischung aus Wasser Sparen und Wasser Sammeln ist, zeigt sich am Ende eines Gartenjahres: im Erntekorb und auf der Wasserrechnung. Wer rund ums Jahr Kontrolle über den Leitungswasser-Verbrauch im Garten haben möchte, montiert eine Außenwasseruhr. Ist sie geeicht, entfallen sogar die Abwasserkosten für die Gartenbewässerung.

Aus porösen Schläuchen tröpfelt das Wasser direkt an die Wurzeln.

Regenwasser kostet nichts und bekommt Pflanzen besser als das Nass aus der Leitung.

Natürlich düngen

Biodünger sind kein Kompromiss zugunsten der Umwelt.
Im Gegenteil. Boden, Pflanzen, Gärtner: Alle profitieren davon,
wenn sich das Grünzeug natürlich ernährt.

Rosen und Regenwürmer
lieben Kaffeesatz.

Pflanzen, die ausschließlich Bio-futter vorgesetzt bekommen, wachsen kräftig und gesund. Weil es festes Gewebe bildet, lässt sich organisch ernährtes Obst und Gemüse lange lagern. Und das Beste: Es schmeckt fast immer aromatischer als mineralisch gedüngtes. Klingt nach Biogärtner-Märchen? Ist aber die reine Wahrheit. Aus einem einfachen Grund: An biologischen Düngern überfressen sich die Pflanzen nicht. Wackelig-wässrige, mit Stickstoff vollgestopfte und krankheitsanfällige Tomaten oder Salate sind damit ausgeschlossen. Warum? Weil Bionahrung zunächst nur das Bodenleben füttert. Pilze, Bakterien, Würmer und Springschwänze zersetzen und verdauen sie in ihre Bestandteile, die den Wurzeln dann erst als Nährstoffe zur Verfügung stehen. Boden und Pflanzen stimmen sich dabei bestens miteinander ab. Herrscht gutes Wachstumswetter, ist auch das Bodenleben auf Zack und setzt immer genau so viel Nahrung frei, wie Obst, Gemüse, Kräuter und Blumen gerade benötigen. Unumstrittene Nummer eins der Biodünger ist Kompost. Vor allem wenn dafür eine gesunde Mischung aus Gemüseabfällen, Rasen-, Gehölz- und Staudenschnitt, Obstlaub sowie Ernteresten verrottet ist. Mit einer 2 cm dicken Schicht Kompost, oberflächlich in die Beete eingearbeitet, ist der Garten vor Saisonstart bestens bewirtet. Ein guter Termin für die Kompostgabe liegt Anfang März, 3–4 Wochen, bevor gesät oder gepflanzt wird.

Stark zehrenden Gewächsen, wie Tomaten, Kohl, Gurken oder Kartoffeln, servieren Gärtner oft Extra-Nährstoffe, die sie mit ins Pflanzloch geben oder kurz vor der Aussaat ausbringen. Lange Zeit galten Hornspäne und Mehl aus Horn, tierischen Knochen und Federn als gängige Dünger im Biogarten. Diese Mittel stammen jedoch meist aus Massentierhaltung und legen lange Transportwege, etwa aus Südamerika, zurück, bis sie in hiesigen Gartencentern landen.

Vegetarische Varianten

Deshalb greifen immer mehr Biogärtner zu rein pflanzlichen Düngern. Forscher suchen schon länger nach einem würdigen Ersatz für Rhizinusschrot. Der liefert dem Boden zwar viele Nährstoffe, bringt aber Haus- und Wildtiere in Gefahr und ist im Gartenhandel kaum mehr zu bekommen. Manchmal enthalten die gemahlenen

Körner nämlich trotz Hitzebehandlung tödliche Spuren der giftigen Substanz Rizin. Versuche haben gezeigt, dass Körnerschrot aus Gelber Lupine fast die gleiche Nährstoffmenge speichert wie Rhizinus. Ackerbohnenschrot enthält etwas weniger Stickstoff, gilt aber trotzdem als guter vegetarischer Dünger. Daneben führen Gartencenter und Baumärkte verschiedene pflanzliche Mittel, deren Hauptzutaten Traubentrester oder Zuckerrübenvinasse sind. Ein Trend-Dünger unter Biogärtnern stammt zwar von Tieren, seine Gewinnung schadet ihnen aber nicht: Schafwoll-Pellets. In Wolle lagert, wie in Horn, reichlich Stickstoff, außerdem Kalium und einiges mehr. Viele Schäfer lassen die stark verfilzte und verschmutzte Bauchwolle ihrer Tiere mittlerweile zu solchen Pellets pressen, weil sie sich nicht anderweitig verkaufen lässt. Damit keine Schadstoffe in den Boden gelangen, sollte der Schafwoll-Dünger von Tieren stammen, deren Fell nicht chemisch behandelt wurde – etwa zum Schutz vor Ungeziefer.

Gut, günstig, hausgemacht

Andere Gärtner verzichten dagegen auf gekaufte Dünger. Trotzdem leiden ihre Pflanzen keinen Hunger. Wer neben der jährlichen Kompost-Mahlzeit weitere Hausmannskost zubereitet, ernährt Gemüse, Obst, Kräuter und Blumen gesund und günstig. Allen voran versorgen Pflanzenjauchen den Garten Schluck für Schluck mit allen wichtigen Nährstoffen. Die liegen darin, anders als im Kompost, verzehrfertig vor und stillen den Hunger auf die Schnelle. Vor allem Prachtstauden, Rosen und Starkzehrern unter den Gemüsen gibt ein sommerlicher Nahrungsnachschub aus vergorenen Pflanzenteilen neuen Schwung. Auch andere Gewächse schlürfen ab und an gerne eine Kanne Jauche. Nur Zwiebeln, Knoblauch, Bohnen und Erbsen lehnen dankend ab. Die ersten beiden sind keine Freunde der Völlerei, die anderen holen sich den nötigen Stickstoff mithilfe von Knöllchenbakterien aus der Luft.

Am häufigsten kommt die berühmte Brennnesseljauche zum Einsatz. Schließlich ist ihre Zutat vielerorts in großen Mengen vorhanden, außerdem enthält die

Düngekalender für den Biogarten

	Frühjahr	Sommer	Spätsommer/Herbst
Gemüse	etwa 4 Wochen vor der Aussaat/ Pflanzung Kompost oder organischen Volldünger ins Beet einarbeiten (2-cm-Schicht); Reste von Gründüngung und Mulchschichten ebenfalls unterharken; evtl. Steinmehl ausbringen (100 g/m²)	alle 2 Wochen mit Pflanzenjauche (verdünnt im Verhältnis 1:10) versorgen – außer Leguminosen (Bohnen, Erbsen), Zwiebeln und Knoblauch; zwischen den Reihen mit Rasenschnitt mulchen	Gründünger säen (Bienenfreund, Gelbsenf, Ölrettich, Ringelblume, Feldsalat, Spinat, Roggen); alternativ mulchen, Mulchschicht mit Sand beschweren; Starkzehrer mit Kompost versorgen
Obst	Kompost 1–2 cm dick auf Baumscheiben und zwischen Beerensträuchern verteilen	Beerensträucher durchgehend mit Rasenschnitt oder Laub mulchen; 2 × im Abstand von 4–6 Wochen mit verdünnter Pflanzenjauche gießen; Baumobst nach der Blüte mit Pflanzenjauche versorgen	ab August nicht mehr düngen, damit das Holz frostfest ausreifen kann; Mulchschicht beibehalten
Kräuter	mit Kompost und Steinmehl versorgen (1-cm-Schicht); mediterrane Kräuter erhalten besser nur eine Mini-Portion Kompost (max. 0,5 cm), sie sind Hungerkünstler und vertragen nicht viel Futter	keine Düngung nötig	keine Düngung nötig
Blumen und Ziergehölze	Sommerblumen, Stauden, Rosen, Hortensien und andere hungrige Ziersträucher mit Kompost versorgen (2-cm-Schicht)	verdünnte (1:10) Pflanzenjauche gießen: wöchentlich bei Sommerblumen (bis Blühende), Prachtstauden 1 × im Mai, Rosen nach der (Haupt-) Blüte; Ziergehölze mulchen	ab August nicht mehr düngen, damit das Holz frostfest ausreifen kann

Steinmehl hilft dem Bodenleben auf die Sprünge.

Futter auf Vorrat: An Hornspänen hat das Bodenleben lange zu knabbern.

Zu Pellets gepresst düngt Schafwolle die Beete.

Brühe reichlich Stickstoff und Kalium. Aber auch Beinwell, Wildkräuter (ohne Samen!), Geiztriebe von Tomaten, Löwenzahn, Ringelblumen oder Kamille liefern bestes Pflanzenmaterial für Düngerjauchen – pur oder in einer abwechslungsreichen Mischung. Verabreicht wird der selbstgebraute Flüssigdünger verdünnt (1 : 10 bis 1 : 20) und möglichst nach dem Gießen oder bei Regenwetter.

Sobald das Gemüse im Spätsommer abgeerntet ist, sät mancher an seiner Stelle Gründünger, etwa Phacelia, Gelbsenf oder Feldsalat. Ihre Wurzeln lockern den Boden und verhindern, dass Regen Nährstoffe ins Grundwasser spült. Außerdem schützt das oberirdische Grün das Bodenleben, indem es die Erde beschattet. Die gleiche Wirkung hat eine Mulchdecke, z. B. aus Laub oder Rasenschnitt.

Die Liste an hausgemachten Biodüngern endet damit aber noch lange nicht. Ob Kaffeesatz, Kräutertee, Eierschalen, Hefe oder Kartoffelwasser: Pflanzen verwerten viele natürliche Abfälle und blühen danach sichtlich auf. Die meisten dieser Haushaltsdünger servieren nur kleine Mengen der Hauptnährstoffe. Ihre Stärke sind Spurenelemente, die in handelsüblichen Produkten kaum vorkommen.

Brennnesseljauche

Sie ist der Klassiker unter den Düngejauchen und fehlt seit jeher in kaum einem Biogarten: die Brennnesseljauche. So wird sie angesetzt:

- Gefäß mit (Regen-)Wasser aufgießen, bis die Pflanzenteile gut bedeckt sind (etwa 10 l Wasser/kg Kraut).
- Mit einem Holzrost oder Drahtgitter abdecken, damit keine Tiere in die Brühe fallen, aber genug Luft drankommt.
- Fass in die Sonne stellen, um die Gärung anzuheizen.
- Täglich umrühren.
- Die Jauche ist fertig, wenn sie nicht mehr schäumt und dunkelbraun ist (nach 10–20 Tagen).

Grundnahrung fürs Grün

- **Ohne Stickstoff (N)** kein Wachstum. Er ist wichtiger Baustein für Blätter und Triebe. Bekommen Pflanzen jedoch zuviel davon, geraten die Stängel schlacksig und das Gewebe schwammig.
- **Phosphor (P)** lässt Blüten und Früchte wachsen. In den meisten Hausgärten ist er in ausreichender Menge vorhanden. Je humoser der Boden, desto besser können Wurzeln ihn aufnehmen.
- **Mit Kalium (K)** festigen Pflanzen ihr Gewebe und wappnen sich gegen Trockenheit, Frost, Schädlinge sowie Krankheiten.
- **Calcium (Ca)** ist ein wichtiger Bestandteil von Zellwänden, unterirdisch sorgt es für beste Krümelstruktur und gesundes Bodenleben.
- **Magnesium (Mg)** bildet das Zentrum des Blattgrüns Chlorophyll und ist Baustein mehrerer Enzyme.

Kräuterkur für den Garten

Wer seine Pflanzen regelmäßig mit speziellen Kräutertees behandelt, stärkt ihre Abwehrkraft gegen Krankheiten und Schädlinge.

Warum bleiben einige Pflanzenarten gesund, während andere immer wieder unter Blattläusen leiden oder von Pilzkrankheiten heimgesucht werden? Das kommt daher, dass manche Pflanzen über ausgeklügelte Abwehrsysteme verfügen. Eine beliebte Strategie der Robusten ist es, spezielle Wirkstoffe in den Zellen einzulagern, die mögliche Angreifer vergrämen. Aber nicht alle Gewächse sind so gut gerüstet. Den Zartbesaiteten kann man mit Tees und Brühen, die man aus den wehrhaften Kollegen gewinnt, »unter die Blätter greifen«. Es handelt sich bei den Heilpflanzen fürs Grün häufig um Kräuter, die besondere Wirkstoffe enthalten. Schachtelhalm, Kapuzinerkresse, Knoblauch und Ringelblume zählen z. B. dazu. Diese Pflanzen findet man im Garten oder am Wegrand leicht und in großen Mengen.
Dienen die Brühen und Tees der Pflanzengesundheit, müssen die gesammelten Heilkräuter nicht gewaschen werden, leichte Verunreinigungen machen nichts aus. Blätter, Blüten, Stängel oder Wurzeln kann man den ganzen Sommer über ernten und frisch verwenden oder als Vorrat trocknen. Nur gut entwickelte Kräuter, die in der Sonne wachsen, enthalten genügend Wirkstoffe. Deshalb erntet man möglichst nur nach einigen sonnigen, warmen Tagen.
Zu den Selbstverteidigungswaffen der Pflanzen gehören Stoffe, die ihre Zellwände hart machen, sowie duftende und keimhemmende Substanzen.
Kieselsäure und Gerbstoffe stärken z. B. das Pflanzengewebe. Dadurch können Pilzsporen nicht so gut in die Zellen eindringen und beißenden oder saugenden Insekten vergeht beim ersten Bissen der Appetit.

Stärke durch Selbstverteidigung

Ätherische Öle duften stark und verflüchtigen sich rasch. Sie wirken wie ein desinfizierender Nebel um die Pflanzen. Viele der Duftstoffe machen Pilzkrankheiten das Überleben schwer, und manche sind sogar für Insekten giftig.
Schwefelhaltige ätherische Öle, wie sie in Knoblauch, Kapuzinerkresse, Meerrettich

Regelmäßige Spritzungen mit Salbeitee halten Kohlweißlinge, Möhrenfliegen und Kohlfliegen auf Abstand.

Die Kapuzinerkresse wirkt als Beet-
nachbarin und Tee heilkräftig, ihre
schwefelhaltigen Wirkstoffe machen
Krankheitskeimen das Leben schwer.

und Zwiebeln vorkommen, wirken in der Hinsicht besonders stark. Düfte verwirren auch oft den Geruchssinn von Schädlingen, die ihre grüne Mahlzeit »der Nase nach« finden, oder sie schrecken Fraßfeinde durch ihren Geruch ab.

Am besten versprüht man die Tees vorbeugend, ein- bis zweimal die Woche. Das hält die Abwehr der Pflanzen ständig auf Trab. Haben die ersten Saftsauger angebissen oder zeichnen sich die ersten Anzeichen einer Pilzkrankheit ab, behandeln Biogärtner die Pflanzen gleich mehrere Tage hintereinander. Wimmelt es bereits vor Läusen oder sind die Blätter mit Pusteln und Flecken übersät, dann schaffen es die Kräuterauszüge alleine nicht mehr. Andere Maßnahmen müssen dazukommen, damit die Pflanzen wieder gesund werden.

Ringelblume

Rezept: Kaltwasserauszug, Tee
Wo sie wächst: Garten
Wann ernten: Sommer
Was ernten: Blüten, Blätter, Stängel
Was hilft: ätherische Öle, Carotinoide, Schleimstoffe, Bitterstoffe u.a.
So wird's angewendet: Regelmäßig Gemüsebeete gießen oder geschwächte und anfällige Pflanzen einsprühen, um die Widerstandsfähigkeit gegen Insekten und Bodenälchen zu stärken.

Salbei und Thymian

Rezept: Tee
Wo sie wachsen: Garten
Wann ernten: das ganze Jahr
Was ernten: Triebe, Blätter, Blüten
Was hilft: ätherische Öle in hoher Konzentration, Gerbstoffe, Bitterstoffe u. a.
So wird's angewendet: Regelmäßiges Spritzen vergrämt Kohlweißlinge, Möhren- und Kohlfliegen.

Schafgarbe

Rezept: Tee, Kaltwasserauszug
Wo sie wächst: Wiesen, Garten
Wann ernten: im Sommer, zur Blüte
Was ernten: Blüten, Blätter, Stängel
Was hilft: ätherische Öle, Bitterstoffe, Gerbstoffe, organische Säuren u. a.
So wird's angewendet: Tee und Kaltauszug spritzt man sowohl vorbeugend als auch bei Befall mit Pilzkrankheiten, wie Schorf oder Rost.
Die duftenden Spritzungen besitzen eine leichte Abwehrwirkung gegen saugende und beißende Insekten, z. B. Spinnmilben.

Tomate

Rezept: Kaltwasserauszug
Was ernten: Blätter und Geiztriebe
Wo sie wächst: Garten

Trocknen für schwierige Zeiten

Frische Pflanzenheilkräuter sammelt man am besten unmittelbar vor dem Ansetzen von Brühe, Tee oder Kaltauszug. Sollen die Kräuter getrocknet werden, um einen Vorrat anzulegen, sind Juni–Ende August die besten Sammelmonate. Es gelten die gleichen Regeln wie für das Sammeln und Trocknen von Kräutern für den menschlichen Genuss. Man braucht nur nicht so streng darauf zu achten, ob die Pflanzen verunreinigt oder beschädigt sind.

- Kurz vor oder zu Beginn der Blüte ist der Wirkstoffgehalt am höchsten.
- Am besten pflücken, nachdem das Wetter einige Tage lang warm und trocken war.
- Die beste Tageszeit zur Ernte ist der Vormittag, sobald der Tau von den Blättern abgetrocknet ist, aber noch bevor die Sonne die Duftstoffe verdunsten lässt.
- Sauber aussehende Pflanzenteile müssen nicht gewaschen werden. Kraut nur ausschütteln, damit kleine Tiere herausfallen.
- Die Pflanzen in Bündeln kopfüber an einem schattigen warmen Ort zum Trocknen aufhängen.

Wann ernten: Sommer–Herbst
Was hilft: ätherische Öle, Gerbstoffe
Besondere Zubereitung: Um die Tomatenpflanzen nicht zu schwächen, verwendet man hauptsächlich die ausgebrochenen Geiztriebe: 1–2 Handvoll für 1 l Wasser.

So wird's angewendet: Wenn Kohlweißlinge fliegen, sprüht man Kohlgewächse aller Art täglich ein, um den Geruchssinn der Falter zu verwirren und die Eiablage zu erschweren.

Wermut

Rezept: Tee, Brühe
Wo er wächst: Garten, Straßenränder, Schuttplatz, Bahndamm
Wann ernten: im Sommer, zur Blüte
Was ernten: obere Hälfte der Triebe
Was hilft: ätherische Öle, z. B. das giftige Thujon, Bitterstoffe, Gerbstoffe
So wird's angewendet: Das regelmäßige Besprühen von Kohlgewächsen verwirrt die Kohlweißlinge.
Vorbeugend gegen Apfelwicklermaden in der Flugzeit der Falter Brühe oder Tee 1 : 2 verdünnt in die Bäume spritzen. Brombeeren im Herbst nach dem Schnitt 1 : 2 verdünnt spritzen – wirkt gegen Milben. Auch Erdbeeren regelmäßig gegen Milben behandeln.

Wurmfarn, Adlerfarn

Rezept: Brühe
Wo er wächst: Wald und Garten
Wann ernten: Juni–September
Was ernten: Farnwedel
Was hilft: Butanophloroglucide (Verbindungen der Butter- und Isobuttersäure) in den Drüsenhaaren
Besondere Zubereitung: 1 kg frische (oder 100 g getrocknete) Wedel zerkleinern. In 2 l Wasser aufkochen und langsam abkühlen lassen. Eine Handvoll zerstoßene Rosskastanien oder grüne Walnussschalen mitkochen, das verbessert die Wirkung gegen Insekten.
So wird's angewendet: Gegen Schnecken den Tee unverdünnt auf Boden und gefährdete Pflanzen spritzen.
Zum Bekämpfen von Pilzkrankheiten, vor allem von Rost an Schwarzen Johannis-

beeren, bei Befall mehrmals wöchentlich spritzen.
Vorbeugend gegen Kalimangel unverdünnt gießen; Tomaten und Kartoffeln brauchen viel Kali.
Gegen saugende und beißende Insekten, z. B. Blattläuse 1 : 10 verdünnt anwenden.

Zwiebel

Rezept: Tee
Wo sie wächst: Garten
Was ernten: Zwiebeln, Schalen, Laub
Wann ernten: Sommer–Herbst
Was hilft: schwefelhaltige ätherische Öle, organische Säuren
Besondere Zubereitung: 70 g klengehackte Zwiebeln und Blätter mit 1 l kochendem Wasser überbrühen.
So wird's angewendet: Möhrenbeete besprühen, besonders nach dem Ausgeizen, Unkrautjäten und Ernten um die Möhrenfliege abzulenken.
Vorbeugend gespritzt wird die Widerstandskraft vieler Pflanzen gegen Pilzkrankheiten erhöht, z. B. von Erdbeeren gegen Grauschimmel.

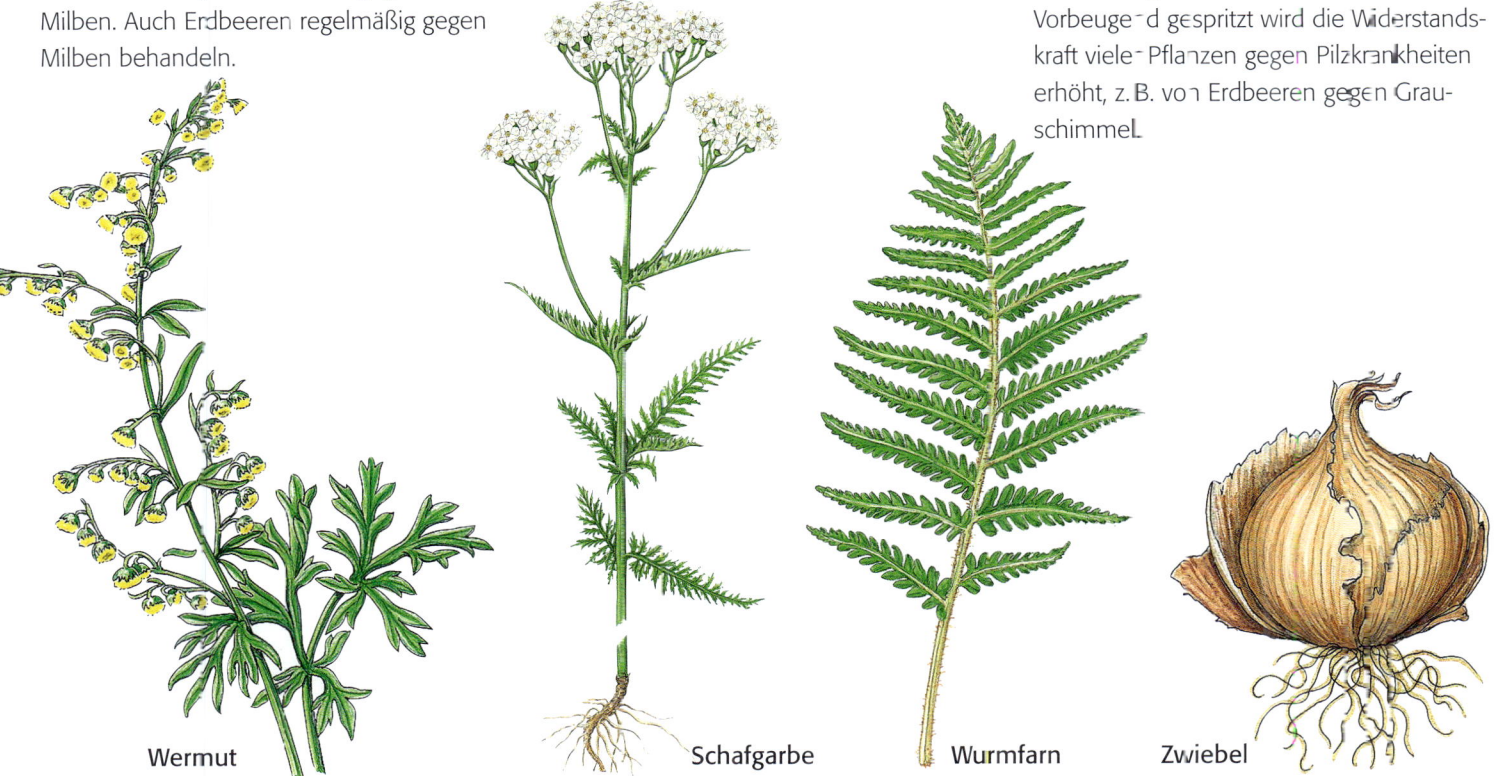

Wermut   Schafgarbe   Wurmfarn   Zwiebel

Lebendiger Dünger

Beete, auf denen regelmäßig Gründünger wächst, verlangen kaum nach weiteren Nährstoffgaben. Trotzdem belohnen sie Gärtner mit Blütenpracht und reichen Ernten.

Wer Gründünger blühen lässt, bietet Bienen, Hummeln und Schmetterlingen einen mit Nektar reich gedeckten Tisch.

Kein Stück Land bleibt in der Natur lange kahl. Samen keimen aus, Ausläufer wandern ein – und ruck, zuck wächst dem Boden ein grüner Pelz. Mit der Gründüngung ahmen Biogärtner diesen Prozess nach: Sind Beete leer, säen sie bestimmte Pflanzen aus, und zwar am liebsten solche, die rasch wachsen und ungeliebte Wildkräuter ausbremsen. Ebenso beliebt sind Pflanzen, die Nährstoffe aus den Tiefen des Bodens saugen oder aus der Luft aufnehmen und in ihren Wurzeln und Blättern ansammeln. Wird die Pflanzendecke abgemäht und ins Beet eingearbeitet, verdauen die Mikroorganismen des Bodens die grüne Masse. Sie setzen die darin gebundenen Nährstoffe frei und liefern auf diese Art reichlich Dünger. In Versuchen wurde nachgewiesen, dass Gründüngung mit Winterwicken und Roggen dem Boden fast so viele Nährstoffe zuführt wie eine Stallmistgabe. Sandböden tut regelmäßige Gründüngung besonders gut, weil der entstehende Humus Wasser und Nährstoffe festhält. Schwerer Boden wird dadurch gelockert und belüftet. Ein schwieriger Boden verwandelt sich aber nicht innerhalb eines Jahres in fruchtbare Gartenerde, sondern nur wenn regelmäßig Gründungung wächst.

Aussaat von früh bis spät

- **Ab April bis Mitte August sät man** die meisten Gründünger aus. Nur Puffbohnen dürfen gleich nach der Schneeschmelze in den Boden. Senf und Bienenfreund können bis Anfang September und Winterroggen oder Winterweizen bis Anfang Oktober angebaut werden.

- **Vor der Aussaat** lockert man den Boden tiefgründig, zupft Unkräuter aus und recht die Fläche glatt. Die Samen streut man breitwürfig aus, harkt sie 1–2 cm tief in den Boden ein und drückt sie mit einem Brett oder einer Walze fest.

- **Die Samen von Hülsenfrüchtlern** kommen 3–4 cm tief in die Erde, damit sie vor hungrigen Vögeln geschützt sind. Man sät sie deshalb am besten in Reihen aus.

- **Bis zum Auflaufen** hält man die Saat gleichmäßig feucht. Im Sommer keimt sie schneller, wenn das Beet mit Gemüsevlies abgedeckt ist.

Wann die Gründüngung fertig ist, das entscheidet der Gärtner: Man kann die lebenden Pflanzen über Wochen, sogar über den Winter auf den Beeten stehen lassen oder bald nach der Keimung in den Boden einarbeiten.

Je zarter und jünger das Grün ist, desto eher verrottet es, desto rascher kann das Beet wieder genutzt werden. Wird die Gründüngung jung, also vor der Blüte eingearbeitet, kann man das Beet nach 2–3 Wochen wieder bestellen. Am besten mäht man die Blätter und Stängel der Pflanzen zunächst mit der Sense und lässt sie einige Tage lang auf dem Beet antrocknen. Dann gräbt man Stoppeln, Wurzeln und das trockene Grün flach ein.

Ist das grüne Gestrüpp älter und sehr üppig, lässt man einen Teil davon zerkleinert auf dem Kompost verrotten oder mulcht damit Beete. Der Rest wird oberflächlich in den Boden eingearbeitet, damit der Rottevorgang nicht zu lange dauert und es nicht zu Fäulnisprozessen kommt. Auf Sandböden verteilt man beim Einarbeiten gerne etwas Tonmehl. Das sorgt für eine krümelige Erde, die Nährstoffe gut festhält. Wer die Rotte beschleunigen will, streut Algenkalk oder sprüht Brennnesseljauche darauf.

Mitglieder der Hülsenfrucht-Familie, wie Bohnen, Erbsen, Wicken, Lupinen und Klee, ziehen mithilfe von Bakterien, die in Knöllchen an ihren Wurzeln leben, Stickstoff aus

Winterharte Gründünger

Pflanze	Familie	Aussaat	Wurzeltiefe	Bevorzugte Böden	Anmerkungen
Deutsches Weidelgras (*Lolium perenne*)	Gräser	April–September	bis 80 cm	nahrhafte, nicht zu trockene, lehmige und tonige	wächst langsam; hinterlässt feinkrümeligen Boden; vermindert Befall mit Kohlhernie und Rettichschwärze bei nachfolgenden Kohlgewächsen
Esparsette (*Onobrychis viciifolia*)	Hülsenfrüchtler	Mitte April–Anfang August	über 2 m	leichte, kalkhaltige bis neutrale Böden	sammelt Stickstoff aus der Luft; verträgt keine Nässe, nicht nach oder vor Erbsen und Bohnen
Feldsalat (*Valerianella locusta*)	Baldriangewächse	März/April Aug.–Sept.	bis 80 cm	alle	hinterlässt feinkrümeligen Boden, keimt schlecht bei großer Hitze; verträgt sich mit allen Gemüsen
Inkarnatklee (*Trifolium incarnatum*)	Hülsenfrüchtler	April–Anfang September	bis 80 cm	mittelschwere, humose, kalkhaltige	wächst langsam, frosthart bis −10 °C; sammelt Stickstoff aus der Luft; nicht vor oder nach Erbsen, Bohnen
Luzerne, Alfalfa (*Medicago sativa*)	Hülsenfrüchtler	Mitte April–Mitte August	über 2 m	trockene, kalkhaltige, nicht sauer und nass	wächst langsam; sammelt Stickstoff aus der Luft, nicht nach oder vor Erbsen und Bohnen
Roggen (*Secale cereale*)	Gräser	April–Anfang Oktober	bis 80 cm	alle, außer schwere oder trockene	hinterlässt feinkrümelige Erde; unterdrückt die Keimung einiger nachfolgender Pflanzen, z. B. Quecke, Möhre, Rote Bete
Spinat (*Spinacia oleraceae*)	Gänsefußgewächse	März/April Juli–Sept.	bis 80 cm	alle nahrhaften	lagert viel Nitrat aus dem Boden in seinen Blättern ein; nicht vor oder nach Spinat, Roter Bete, Mangold oder Melde
Steinklee (*Melilotus* spec.)	Hülsenfrüchtler	April–Anfang August	über 2 m	trockene, kalkhaltige, sandige oder steinige	sammelt Stickstoff aus der Luft; nicht vor oder nach Erbsen und Bohnen
Winterraps (*Brassica napus*)	Kohlgewächse	August–September	bis 150 cm	alle	raschwüchsig, nicht vor oder nach Kohlgewächsen wegen der Übertragung von Krankheiten
Winterwicke (*Vicia villosa*)	Hülsenfrüchtler	Mitte Juli–Anfang Okt	bis 150 cm	leichte Böden	sammelt Stickstoff aus der Luft; besonders gut als Wintergründüngung, mit Roggen oder Weizen vermengt; nicht vor oder nach Erbsen oder Bohnen

der Bodenluft (sie enthält 78 % Stickstoff) und lagern diesen in ihren Wurzeln ein. Sind die Hülsenfrüchtler im Boden eingearbeitet, steht dieser Stickstoff – es können bis zu 20 g pro m² sein – anderen Pflanzen zur Verfügung.

Gründüngungspflanzen sollten **nie aus derselben Familie** stammen wie die Kulturen, die davor oder danach wachsen. Das gilt besonders für Kreuzblütler: Senf, Ölrettich oder Raps – Verwandte von Kohl, Radieschen, Kohlrabi und Brokkoli – locken Kohlkrankheiten und -schädlinge, wie Kohlhernie, Kohlfliege und Bodenälchen an.

Frostharte Gründüngungspflanzen bedecken den Gartenboden auch im Winter. Sie werden von August bis Oktober gesät, nachdem die Gemüse geerntet wurden. Die Gründünger nutzen im Herbst die Nährstoffe, die das Gemüse im Boden übrig gelassen hat, so werden diese über Winter nicht ausgewaschen. Auf sehr schweren Böden sät man im Herbst besser Pflanzen aus, die im Winter abfrieren, damit die Frühjahrsaussaat rechtzeitig beginnen kann. Denn unter einer dichten, lebendigen grünen Decke bleiben die Böden länger kühl und zu feucht für die Bearbeitung.

Frostempfindliche Gründünger

Name	Familie	Aussaat	Wurzeltiefe	Bevorzugte Böden	Anmerkungen
Bienenfreund (*Phacelia tanacetifolia*)	Wasserblattgewächse	April–Ende August	mittel (bis 80 cm)	alle, außer nasskalte	wächst rasch, am Anfang nicht austrocknen lassen; vor allen Gemüsekulturen möglich, Bienenweide
Buchweizen (*Fagopyrum esculentum*)	Knöterichgewächse	Mai–Mitte August	mittel	sandige, trockene, leicht saure	wächst rasch; vor allen Gemüsekulturen möglich; besonders gute Bienenweide
Gelbsenf (*Sinapsis alba*)	Kohlgewächse	April–Mitte September	bis 1,5 m	alle, besonders mittelschwere bis schwere	wächst sehr rasch: nicht für Gemüsebeete, kann Krankheiten auf Kohlgewächse übertragen
Blaue Lupine (*Lupinus angustifolius*)	Hülsenfrüchtler	April–Mitte August	2–3 m	leichte bis mittelschwere, leicht saure	sammelt Stickstoff aus der Luft, nicht vor oder nach Bohnen und Erbsen
Ölrettich (*Raphanus sativus*)	Kohlgewächse	März–Anf. September	1–2 m	alle, verträgt Trockenheit relativ gut	wächst sehr rasch, hemmt die Entwicklung verschiedener Bodenälchen, Samen keimen nur am Licht
Perserklee (*Trifolium resupinatum*)	Hülsenfrüchtler	Mai–Anfang August	bis 1,5 m	leichte bis mittelschwere, weder trockene noch kalte	wächst langsam, sammelt Stickstoff aus der Luft, vergrault Kohlweißling und Kohlfliege, wenn in der Nachbarschaft von Kohlgewächsen angesät
Ringelblume (*Calendula officinalis*)	Korbblütler	April–Mitte September	bis 80 cm	alle, außer sehr trockene	fördert die Bodengesundheit, besitzt schwache Wirkung gegen Bodenälchen, hinterlässt feinkrümeligen Boden
Sommerwicke (*Vicia sativa*)	Hülsenfrüchtler	Ende April–August	bis 1,5 m	alle	sammelt Stickstoff aus der Luft; nicht vor oder nach Bohnen und Erbsen
Sonnenblumen (*Helianthus annuus*)	Korbblütler	Mitte April–August	2–3 m	gut ernährte, feuchte	gut vor Erbsen und Kartoffeln, nicht vor Salat, Paprika, Tomaten, Gurken oder Sellerie anbauen, wegen der Übertragung von Krankheiten
Studentenblume (*Tagetes* spec.)	Korbblütler	Mitte April–Mitte Mai	bis 30 cm	alle, außer zu trockene oder nass-kalte	vermindert Anzahl der Bodenälchen deutlich, wenn die Pflanzen länger als 4 Monate auf dem Beet stehen

Biologischer Pflanzenschutz

Pflanzen stärken und behutsam helfen – nach diesem einfachen Prinzip wirken die Mittel und Methoden im Biogarten.

Die vorbeugende Sorge um die Gesundheit der Pflanzen ist die wichtigste Maßnahme eines wirksamen Pflanzenschutzes. Sie beginnt mit der Wahl von widerstandsfähigen, für den Standort geeigneten Sorten und setzt sich fort in der Sorgfalt bei der Anzucht der Pflanzen. Dabei schenken Biogärtner vor allem dem Boden große Beachtung. Denn er ist ein lebendiger Organismus, der viel zur Pflanzengesundheit beiträgt – oder eben nicht. Unzählige Mikropilze, Bakterien, Regenwürmer und andere Kleinlebewesen setzen ständig organische Masse von der Oberfläche um und verbinden die organischen Bestandteile mit den Mineralien des Bodens zu Ton-Humus-Komplexen. Diese Bodenkrümel halten ein Nährstoffmenü für die Pflanzen bereit, das so ausgewogen und reichhaltig ist, wie es keine Düngerfabrik besser bereiten kann. Die Pflanzen holen sich in dem Maße, in dem ihr die anderen Wachstumsfaktoren, wie Licht und Wärme, zur Verfügung stehen, genau dosiert, was sie an Nährstoffen brauchen. Nicht zu viel und nicht zu wenig. Damit das Bodenleben und mit ihm die Pflanzen natürlich gesund und vital bleiben, versorgen Biogärtner den Untergrund regelmäßig mit Kompost, Mulch, Gründüngung und organischem Dünger. Auch sonst orientiert man sich im Biogarten an der Natur. Und dort gibt es keine Monokulturen. Die Pflanzen wachsen in Gemeinschaften heran, fördern sich gegenseitig und schützen einander vor Krankheiten und Schädlingen. Keine dieser Pflanzengesellschaften ist beständig, sie wechseln einander ab. Dieser natürliche Wechsel dient den Fruchtfolgen und Mischkulturen im Garten als Vorbild.

In einem naturnahen Garten stehen zudem immer zahlreiche Helfer zu Verfügung, in Form von Nützlingen, wie Marienkäfern, Florfliegen, Schlupfwespen, Singvögeln, Amphibien oder Igeln. Der Aufwand, diesen Tieren einen Unterschlupf und Lebensraum zu bieten, ist gering: Müssen Biogärtner doch einmal eingreifen, um Schädlinge, Krankheiten und unliebsame Wildkräuter auszubremsen, tun sie das mit sanften Mitteln: Einfaches Gartenwerkzeug, Kräutertees oder das Wissen um die Ursache manchen Schadens genügen, um die Ernte zu retten und langfristig zu sichern.

Treten Schnecken in Heerscharen auf, bleibt für Gärtner wenig übrig: Die Schleimer auszubremsen, gelingt oft nur mit einem Maßnahmenmix: etwa Schutzzäune, Duftbarrieren, Absammeln und gezieltes Gießen am Morgen.

Die größten Gartenplagen

Schnecken

Schnecken sind Fäulnisverwerter und als solche eigentlich willkommene Mithelfer im biologischen Kreislauf. Es sei denn, sie treten in Heerscharen auf, wie hierzulande eingebürgerte Wegschneckenarten. Meist hilft nur ein Mix aus verschiedenen Maßnahmen. Gegenspieler wie Tigerschnegel fressen bereits die Schneckeneier im Kompost. Außerdem sollte man Feuchtigkeit durch gezieltes Wässern im Wurzelbereich vermeiden und Fallobst vor dem Faulen einsammeln. Aromabarrieren aus Lavendel, Petersilie oder Kamille halten Schnecken von Nutzpflanzen fern, ebenso spezielle Schneckenzäune und mehr als 2 cm breite Kupferbänder. Schneckenkorn als Ultima Ratio ist nur dann für andere Gartentiere ungefährlich, wenn es auf einem Eisen-II-Phosphat-Komplex beruht.

Wühlmäuse

Die kleinen Nagetiere mit der stumpfen Schnauze leben ausschließlich unter der

Wühlmäuse kabbern unterirdisch an Wurzeln, Zwiebeln und Knollen.

Erde und ernähren sich dort von Pflanzenwurzeln, Knollen und Blumenzwiebeln, was viele Hobbygärtner zur Verzweiflung bringt. Denn sie können nicht nur dabei zusehen, wie Wurzelgemüse wortwörtlich von der Oberfläche verschwinden, sondern auch welke, absterbende Pflanzen aus der Erde ziehen, deren Wurzeln komplett abgefressen wurden. Wühlmäuse bauen weit verzweigte, quer-ovale Gänge im Erdreich mit flachen Auswurfhügeln. Anders als der Maulwurf dürfen sie bekämpft werden, z. B. mit Kastenfallen, bestückt mit einem Pflanzenköder. Zum Schutz junger Obstbäume empfiehlt sich, bei der Pflanzung einen engmaschigen Drahtkorb aus unverzinktem Eisen 50–100 cm tief im Boden mit einzugraben, der den Wurzelballen in ausreichendem Abstand umgibt. Auch Gruppen von Blumenzwiebeln kann man, in Gitterpflanzkörbe gesetzt, schützen.

Blattläuse

Die winzigen grünen, gelben, schwarzen oder roten Fluginsekten treten oft in Kolonien auf – bevorzugt dort, wo sie ihre Lieblingsmahlzeit finden: eiweißreiche Pflanzensäfte. Je nach Generationswechsel gibt es geflügelte und ungeflügelte Formen, die sich äußerlich und auch in ihrer Lebensweise unterscheiden. Mit ihren Stechrüsseln bohren sie junge Triebe, Blütenknospen oder Blattunterseiten an. Überschüssige Kohlenhydrate scheiden sie als Honigtau durch Drüsen am Hinterleib wieder aus. Sie vermehren sich abwechselnd geschlechtlich und ungeschlechtlich und erzeugen so in kurzer Zeit riesige Populationen. Genauso schnell wie sie auftreten, sind sie aber auch wieder verschwunden, dezimiert etwa durch natürliche Feinde, wie Marienkäfer, Florfliegen, Schwebfliegen oder Schlupfwespen, die sich in einem naturnahen

Garten zahlreich einfinden. So hält sich der Schaden in Grenzen. Allerdings können die Bohrlöcher in den Pflanzen Eintrittspforten für Viren sein, oder es siedeln sich Rußpilze auf dem Honigtau an. Das Abspritzen mit Wasser, die Behandlung mit Wermut-, Rainfarn- oder Rhabarbersud und das Abschneiden betroffener Pflanzenteile schaffen ebenso Abhilfe wie Mittel auf Schmierseifen- oder Pyrethrumbasis. Eine dem Befall vorbeugende Wirkung hat das Bestäuben mit Gesteinsmehl.

Kraut- und Braunfäule

Bei hoher Luftfeuchtigkeit und entsprechender Wärme droht Tomaten- und Kartoffelpflanzen Gefahr durch einen Blattfleckenpilz (*Phytophthora infestans*), der eine verheerende Wirkung zeigt. Er befällt nicht nur die Blätter, sondern auch die Früchte der Pflanzen und macht sie ungenießbar. Erste Anzeichen sind dunkelbraune Flecken an den Blatträndern, die sich rasch vergrößern. Später weisen die Früchte eingesunkene Stellen auf und werden hart. Da der Pilz für die Ausbreitung flüssiges Wasser braucht, ist es wichtig, die Blätter beim Gießen nicht zu benetzen. Das gelingt gut, wenn die Pflanzen über im Boden versenkte Tontöpfe gewässert werden. Außerdem sollten die Pflanzen vor Regen geschützt stehen, etwa in einem speziellen Tomatenhaus. Ausreichende Pflanzabstände, gute Belüftung und das Ausgeizen von Nebentrieben (außer bei Buschtomaten) können den Schaden in Grenzen halten. Kartoffeln wachsen besser nicht in der Nähe von Tomaten, da der Pilz von den Kartoffeln auf die Tomaten übergreifen kann. Als nützlich erweisen sich immer wieder vorbeugende Stärkungsmittel aus Braunalgen-, oder Schachtelhalm-Extrakt und das Mulchen des Bodens, um bei

Die Kraut- und Braunfäule ist bei Gärtnern gefürchtet. Der Pilz macht Tomaten ungenießbar.

Regen zu verhindern, dass die unteren Blätter hochspritzendes Wasser trifft. Befallene Blätter sollten sofort beim ersten Auftreten entfernt und verbrannt oder im Hausmüll – aber keinesfalls auf dem Kompost – entsorgt werden.

Apfelwickler

Der Apfelwickler (*Cydia pomonella*) klebt seine Eier zwischen Anfang Juni und Anfang Juli auf die jungen Äpfelchen. Von dort fressen sich die schlüpfenden Larven in die Früchte. Das häufig mit braunem Kot verstopfte, Eingangsloch verrät die Raupen schon früh. Fallen die Früchte zu Boden, haben die meisten Wicklerlarven ihre Kinderstube längst verlassen und sich hinter Rindenschuppen am Stamm zurückgezogen, wo sie den Herbst und Winter verbringen. Eine gute Rindenpflege und ein jährlicher Stammanstrich erschwert den Larven die Suche nach einem geeigneten Versteck. Wer zusätzlich ab Anfang Juli Gürtel aus Wellpappe um den Stamm bindet, kann die Tiere in deren Hohlkammern fangen und absammeln. Vorbeugend überdecken Sprühwolken aus Wermut- und Rainfarntee den typischen Apfelduft, der die Falter zur Eiablage anlockt. Biologische Spritzmittel, etwa Granupom Apfelmadenfrei (von Neudorff) helfen, wenn die Raupen gerade geschlüpft, aber noch nicht in den Früchten verschwunden sind. Den optimalen Zeitpunkt verraten Apfelmaden-Fallen, anhand derer man den genauen Flugzeitpunkt bestimmen kann.

Kirschfruchtfliege

Kirschfruchtfliege (*Rhagoletis cerasi*) legen im Mai oder Juni Eier an die Schale von Kirschen – genau dann wenn die Früchte beginnen, sich von Gelb nach Rot zu färben. Kurz darauf schlüpfen die Maden und fressen sich durch das saftige Fruchtfleisch. Damit Kirschfruchtfliegen keinen zu großen Schaden anrichten, erntet man den Baum stets vollständig ab und sammelt möglichst alle heruntergefallenen Früchte auf. Denn die Maden verpuppen sich im Boden und überwintern dort. Obendrein hängt man während der Flugzeit der Fliege Kirschfruchtfliegen-Fallen in den Baum. Daran bleiben die Tiere kleben. Die gelben Tafeln sollten aber spätestens zur Kirschernte entfernt werden, damit sie nicht unnötig viele Nützlinge abfangen.

Kirschessigfliege

Die Kirschessigfliege (*Drosophila suzukii*) kommt erst seit 2011 in unseren Breiten vor. Sie stammt aus Südostasien, wurde vermutlich mit befallenem Obst nach Europa eingeschleppt und breitet sich seither von Saison zu Saison weiter aus.

Man findet die Kirschessigfliege vor allem an rotem und violettem Obst. Sie befällt die Früchte, sobald deren Farbe von Grün nach Rot umschlägt. Neben Kirschen mag sie Himbeeren, Brombeeren, Erdbeeren, Heidelbeeren, Johannisbeeren, Zwetschgen und Trauben (vor allem blaue).

Nachdem die Maden geschlüpft sind, fressen sie in der Frucht. Das Fruchtfleisch wird matschig und fällt ein.

Bei günstigen Wetterverhältnissen können 15 und mehr Generationen pro Jahr auftreten, wobei jedes Weibchen über eine Trilliarde Nachkommen hervorbringt. Da jedes Exemplar mehrere Monate lebt, wächst die Fliegengesellschaft bis zum Herbst stetig an und tritt dann in Massen auf.

Im Naturgarten wirken Nützlinge wie Gall- und Zehrwespen, Raubwanzen und Spinnen, der Ausbreitung entgegen. Deckt man Netze (Maschenweite 0,8 mm) über die Pflanzen, bevor die Früchte sich rot färben, verhindert das den Befall. Außerdem fangen Essigfallen viele Fliegen weg

Wohnt ein Wurm im Apfel, handelt es sich um die Larve des Apfelwicklers.

Pflanzenschutz-Kalender

Biogärtner beugen vor: Starke Pflanzen in einer idealen Umgebung bremsen Krankheiten und Schädlinge aus, bevor sie überhandnehmen.

Januar	Februar	März	April	Mai	Juni
Bis Ende Januar krabbeln **Frostspanner**-Weibchen die Baumstämme empor. Blätter regelmäßig von den Leimringen entfernen, damit sie Tieren nicht als Brücke dienen. Am Ende des Monats müssen die Ringe entfernt werden, damit keine Nützlinge daran kleben bleiben.	**Apfelblütenstecher** unternehmen an warmen Tagen erste Ausflüge zu den Knospen der Obstbäume. Ringe aus Wellpappe um die Stämme legen: In deren Hohlräume ziehen sich die Käfer nachts zurück und können morgens abgesammelt werden.	Über ihren Duft, Wurzelausscheidungen und andere Mechanismen schützen sich manche Pflanzen gegenseitig vor Krankheiten und Schädlingen. Eine Tabelle mit bewährten **Mischkultur**-Partnern befindet sich auf S. 29.	In diesen Wochen steuern **Gemüsefliegen** ihre Wirte – Möhren, Zwiebeln, Lauch oder Kohlarten – an, um dort ihre Eier abzulegen. Zum Schutz werden die Kulturen mit einem feinmaschigen Netz abgedeckt.	Um Tomaten vor **Kraut- und Braunfäule** zu schützen: - Pflanzt man die Tomaten unter ein Dach. - Besprüht man die Pflanzen vorbeugend mit Brennnesselbrühe. - Bricht man befallene Blätter sofort aus.	Ab Juni legen **Apfelwickler** ihre Eier an Apfel- und Birnbäumen ab. Kleinere Bäume lassen sich mit Rainfarn- oder Wermut-Tee einnebeln: Das überdeckt den Apfelduft, der die Tiere anlockt.
Frostrisse an Baumrinden entstehen, wenn sich das Gewebe in der Wintersonne tagsüber erwärmt und nachts wieder abkühlt. Bretter, die die Rinde beschatten, beugen den Spannungen vor.	Tragen die Zweige von Schwarzen Johannisbeeren aufgeblasene Knospen, wohnen darin **Johannisbeergallmilben**. Sind nur wenige Knospen betroffen, genügt es, sie auszubrechen. Bei starkem Befall schneidet man ganze Triebe heraus.	**Schnecken**geplagte Gärtner entfernen im März Mulchschichten von den Beeten und ziehen die Erde mit dem Rechen glatt. Dabei kommen junge Nacktschnecken ans Tageslicht. Ohne Ritzen und Löcher können sie sich nicht mehr in den Boden zurückziehen und erfrieren in kalten Nächten.	Auf dem Gemüsebeet machen sich häufig **Falsche Mehltaupilze** über Salate, Spinat und Kohlpflanzen her. Ein luftiger Stand sorgt dafür, dass die Blätter rasch abtrocknen und die Pilze sich nicht vermehren. Schachtelhalm-Brühe und Knoblauch-Tee stärken die Abwehrkräfte der Pflanzen.	Gegen Mitte des Monats weben sich die Raupen von **Gespinstmotten** in dichte grau-weiße Netze ein. Die Gespinste werden herausgeschnitten und entsorgt oder verbrannt. Wer die Raupen entdeckt, bevor sie sich einspinnen, schüttelt sie vom Baum und fängt sie auf großen Laken auf.	Rollen sich Rosenblätter – vor allem an Kletterrosen – von beiden Seiten zur Mitte ein, wohnen darin die Larven der **Blattrollwespe**. Besser man entfernt und entsorgt befallene Blätter so früh wie möglich, um die Entwicklung der Larven zu stoppen.
Kübelpflanzen sind im Winterquartier anfällig für Spinnmilben und Läuse. Eine Spritzbrühe aus Rainfarn oder biologische Spritzmittel aus dem Handel verhindern, dass ein Befall sich ausbreitet.	Mitte des Monats keimen die **ersten Aussaaten** auf der Fensterbank. Wer die Sämlinge regelmäßig mit verdünntem Schachtelhalm-Tee gießt oder mit anderen biologischen Pflanzenstärkungsmitteln behandelt, beugt Krankheiten vor und sorgt für zügiges Wachstum.	Schachtelhalm-Brühe stärkt das Pflanzengewebe gegenüber verschiedenen **Pilzen**. Man besprüht die Beete damit vor dem Säen und Pflanzen.	Biogärtner säen zwischen das Gemüse Sommerblumen, wie Ringelblumen, Kapuzinerkresse oder Zinnien. Ihre Blüten locken Schwebfliegen und andere Nützlinge an, die **Blattlaus**kolonien erfolgreich eindämmen.	Rosen, Rittersporn, Gurken und Stachelbeeren leiden häufig unter **Echtem Mehltau**. Biogärtner wählen widerstandsfähige Sorten und besprühen die Pflanzen mit blattstärkenden Mitteln. Kranke Blätter oder Triebspitzen werden so schnell wie möglich entfernt.	**Schnecken** sind in diesen Wochen allgegenwärtig. Tagsüber verkriechen sie sich unter großen Blättern, überhängenden Polsterstauden und feuchten Brettern. Von dort kann man sie aufsammeln.
Regelmäßig gelagertes Obst und Gemüse kontrollieren und Fauliges aussortieren; das **Lager** regelmäßig lüften, denn warme feuchte Luft fördert die Entwicklung von Pilzen.	Zwischen aufgehäuften Zweigen und Staudenstängeln finden zahlreiche **Nützlinge** ein Zuhause. Biogärtner behalten deshalb einen Teil des Gehölz- und Staudenrückschnitts zurück und verfüttern nicht alles an den Häcksler.	Wurzelstücke von Giersch, Quecke oder Löwenzahn bewahren sich auf dem Kompost oft ihre Fähigkeit auszutreiben. Auf Nummer sicher geht, wer die **Wurzelunkräuter** rund 2 Wochen in Wasser zu Jauche vergären lässt und erst dann auf den Kompost gibt.	Phlox erkrankt seltener an **Echtem Mehltau**, wenn seine Wurzeln im April, zu Beginn der Wachstumsphase, nie völlig auf dem Trockenen stehen. Deshalb gießt man die Staude während eines regenarmen Frühlings regelmäßig.	Fällt der Mai kühl aus, deckt man Kohl, Kohlrabi, Sellerie, Möhren und Rote Rüben mit Vlies ab. **Kälte** regt diese Gemüse zum Blühen an. Im Juni wird das Vlies entfernt.	Je mehr Nützlinge im Garten wohnen, desto seltener werden **Blattläuse** zur Plage. Biogärtner vermeiden Spritzmittel auf Ölbasis: Das Öl verklebt auch Nützlingen die Atemwege. Schonender wirken Rainfarn- oder Wermuttee.

Juli	August	September	Oktober	November	Dezember
Sobald alle Sommerhimbeeren geerntet sind, schneidet man die Ruten bodennah zurück, um der **Himbeerrutenkrankheit** vorzubeugen. Außerdem sorgt man für eine ausgewogene organische Düngung und bedeckt den Boden rund ums Jahr mit Mulch aus Laub oder Rasenschnitt.	Inzwischen ist die Sommergeneration der **Gemüsefliegen, Lauchmotten** und **Kohlweißlinge** unterwegs. Jetzt ist der richtige Zeitpunkt, erneut Schutznetze auszubreiten. Der Kohlweißling lässt sich auch durch den Geruch von Wermut-Tee oder einem Auszug aus Tomatenblättern in die Irre führen.	Ende des Monats krabbeln die ersten **Frostspanner**-Weibchen in die Krone von Obstbäumen, wo sie von den Männchen befruchtet werden. Leimringe um die Baumstämme zu legen, hat nur Sinn, wenn die Raupen im Frühjahr Schaden verursacht haben. Denn am Leim bleiben auch viele Nützlinge hängen.	Biogärtner ziehen abgeerntete Gemüsebeete mit dem Rechen glatt, damit **Schnecken** keine Erdlöcher für die Eiablage finden. Außerdem werden Ritzen an Beetkanten, um den Komposthaufen oder am Wegesrand nach Nestern abgesucht und die Eier freigelegt: Vögel und Laufkäfer machen sich bald über die nahrhafte Mahlzeit her.	Kurz vor den ersten strengen Frösten ziehen auch robuste **Kübelpflanzen**, wie Olive, Oleander oder Lorbeer, ins Winterquartier um. Bis dahin sind sie draußen an einem geschützten Ort besser aufgehoben: Dort bekommen sie ausreichend Licht und härten ab für die Zeit im kühlen Schuppen oder Kellerraum.	Im kahlen Geäst der Obstbäume sind die vom **Monilia**-Pilz befallenen Früchte gut sichtbar. Eingeschrumpelt und vertrocknet hängen Äpfel, Birnen, Pflaumen oder Kirschen am Baum. Alle Fruchtmumien müssen gepflückt und entsorgt werden.
Im Sommer kann man **Wildkräutern** beim Wachsen fast zusehen. Biogärtner jäten einmal wöchentlich. Das Jätegut lassen sie als Mulch auf den Beeten liegen. Zwischen den Gemüsereihen leistet die Hacke gute Dienste. Sie unterbricht obendrein die feinen Erdkanäle, über die Wasser verdunstet.	Mit **Rotflecken-** oder **Weißfleckenkrankheit** infizierte Erdbeerblätter nach der Ernte vollständig abmähen oder abschneiden und in der Biotonne entsorgen. Der neue Austrieb ist meist unversehrt. In Mischkultur mit Knoblauch treten beide Pilze seltener auf.	Die Larven des **Gartenlaubkäfers** sind häufig für gelbe, absterbende Rasengräser verantwortlich. Bis Mitte September kann man die Rasenschädlinge mit Nematoden bekämpfen. Die Nützlinge werden ins Gießwasser gegeben und auf den betroffenen Rasenstellen ausgebracht.	**Vogelnistkästen** werden besser schon im Herbst gereinigt. Dann stört man keine Überwinterungsgäste wie den Siebenschläfer. Es genügt, alte Nester auszuräumen und den Kasten mit heißem Wasser auszuwischen. Chemische Reinigungsmittel und Insektensprays schaden mehr, als sie helfen.	Äpfel mit **Schorf**flecken kann man essen, aber nicht lagern. Um den Befall einzudämmen, harkt man krankes Laub restlos auf und schneidet die Bäume regelmäßig: In einer lichten Krone trocknen Blätter und Früchte schnell ab und bremsen dadurch den Schorfpilz.	Wer im Winter seine Obstbäume mit **Stammanstrich** pflegt, schützt die Gehölze vor Pilzen, Schädlingen und Frostrissen. Dazu bürstet man Stamm und Hauptäste ab und pinselt sie mit Lehmbrühe ein. Die kann aus Lehm (oder Tonmehl), Schachtelhalmbrühe, Rainfarntee und Algenkalk selbst gemischt oder im Fachhandel gekauft werden.
Rosen, Malven oder Bohnen werden von verschiedenen **Rostpilzen** befallen. Rainfarn-Tee und Schachtelhalm-Brühe stärken die Widerstandskraft der Blätter. Wer kranke Blätter regelmäßig entfernt und entsorgt, beugt der Ausbreitung des Pilzes vor.	**Faule Früchte**, die im Baum hängen, stecken schnell ihre Nachbarn an. Matschige Äpfel, Birnen oder Pflaumen werden deshalb regelmäßig entfernt.	Wenn die ersten Beete abgeerntet sind, kann **Gründüngung** gesät werden. Geeignete Pflanzen, wie Spinat, Gelbsenf oder Bienenfreund, beschatten den Boden, lockern mit ihren Wurzeln das Erdreich und fördern das Bodenleben. Außerdem unterdrücken sie das Wachstum unerwünschter Wildkräuter.	Die Larven des **Apfelwicklers** verpuppen sich hinter der Rinde. Legt man Fanggürtel aus Wellpappe um die Stämme, ziehen die »Obstmaden« auch gerne in dessen Hohlräume ein. Die Wellpappe wird wöchentlich kontrolliert und alle Larven und Puppen werden entsorgt.	Biogärtner schaffen nicht zu viel Ordnung im Garten. In Staudenstängeln, Reisighaufen oder Laubhügeln suchen über den Winter zahlreiche **Nützlinge** Zuflucht. Wilde Beeren und Samenstände ernähren die Gartenvögel bis tief in den Winter.	Während des Winters benötigen **Zimmerpflanzen** nur wenig Wasser. Den meisten genügt ein Schluck aus der Kanne, wenn der Erdballen schon fast völlig ausgetrocknet ist. Drückt man mit den Fingern kräftig auf die trockene Erdkrume im Topf, und quillt dabei Wasser aus dem Ballen, leider die Pflanzen noch keinen Durst.
Wenn **Vögel** schneller als Gärtner die Ernte vom Baum holen, lohnt es, die Kronen von Kirsche und Co. in Schutznetze einzuhüllen.	Viele **Pflanzenpilze** können nur auf lebendem Pflanzengewebe existieren. Blätter, Äste und Früchte, die befallen sind von Echtem oder Falschen Mehltau, Monilia, Schorf, Rost oder Sternrußtau, dürfen deshalb auf dem Kompost entsorgt werden.	Im Staudenbeet **faule, vertrocknete und kranke Pflanzenteile** abschneiden. Das sorgt für Durchlüftung und verhindert die Ausbreitung von Krankheiten.	Etwa vier Wochen, bevor Kübelpflanzen in ihr Winterquartier umsiedeln, sollten sie genau auf Schädlinge überprüft werden. Ziehen **Schildläuse** oder **Blattläuse** mit ins Winterquartier, vermehren sie sich dort rasant und befallen die ohnehin geschwächten Pflanzen.	Dahlienknollen müssen gründlich auf **Schneckeneier** kontrolliert werden, bevor sie ins Winterlager wandern. Die eingeschleppten Schnecken höhlen die Knollen bis zum Frühjahr aus.	Überwintern **Kübelpflanzen** an dunklen Orten, wie dem Keller oder der Garage, werfen sie nach und nach ihre Blätter ab. Diese Blätter sollten regelmäßig aufgesammelt werden, damit sich keine Pilze darauf ansiedeln.

Saatgut lagern

Ob gekauft oder selbst gesammelt – richtig aufbewahrt bleibt das Saatgut frisch und keimfähig.

Samen halten nicht ewig. Sie leben auf Sparflamme, verbrauchen Sauerstoff und einen Teil ihrer Vorräte. Deshalb ist die richtige Lagerung so wichtig.

Wenn Gärtner gegen Ende des Sommers neben all den anderen Erntearbeiten Samenstände von Kräutern, Blumen und Gemüse schneiden, fehlt es oft an Zeit und Muße, das Saatgut der nächsten Saison sorgfältig zu behandeln und zu verstauen. Viele stopfen die oft noch feuchten Fruchtstände in die nächstbeste Papiertüte oder bündeln sie rasch mit Haushaltsgummi und hängen sie zum Nachreifen und Trocknen an einen warmen Platz – im Heizungskeller, auf dem Dachboden oder im Geräteschuppen. Das schadet den Körnchen vorerst nicht, vorausgesetzt sie werden spätestens im Winter gründlich ausgesiebt und so verpackt, dass sie auch Monate später noch flott auskeimen können.

Reifer Samen zeigt zwar nach außen hin keinerlei Stoffwechselaktivität, aber das täuscht. Der Keimling im Inneren lebt, wenngleich auf Sparflamme. Dabei verbraucht er ein klein wenig Sauerstoff und minimale Mengen der eingelagerten Vorräte. Mit der Zeit gehen die Reserven aber nicht nur zur Neige, sondern sie verändern sich auch, so werden z. B. Fette ranzig. Je tiefer der Samen in der Keimruhe liegt, desto mehr und länger bewahrt er seine Kraft zum Austreiben, wenn es endlich losgeht, also wenn Wärme und Wasser ihn aufwecken.

Das Saatgut schläft tief und fest und bleibt lange keimfähig, wenn es

- **vollkommen durchgetrocknet** ist, bevor man es lagert. Feuchte Samen verschimmeln in Gläsern oder Tüten.
- **kühl, trocken und dunkel lagert.** Temperaturen zwischen 0 und 10 °C sind ideal. Die Luft sollte so trocken wie möglich sein, andernfalls ziehen die Papiertüten und die Samen Wasser aus der Luft an.
- **in geschlossenen Gefäßen** auf die Aussaat wartet. Wenn den Samen wenig Sauerstoff zur Verfügung steht, verbrauchen sie nicht so viele Nährstoffe, und sie bleiben länger frisch.

Am besten füllt man die gut durchgetrockneten Samen in Schraubgläser oder dicht schließende Blechdosen. In alten Gewürzdosen, Kosmetik-Tiegeln oder Mini-Honiggläschen lassen sich kleine Saatgutmengen am besten lagern. Mäuse, Mehlmotten und Bohnenkäfer haben dann keine Chance, an die nahrhaften Samen zu gelangen.

Sind die Saatgutbehälter luft- und wasserdicht, können sie in kühlen Räumen, etwa im Keller, in der Garage oder im Gartenschuppen, gelagert werden, selbst wenn dort hohe Luftfeuchte herrscht und die Temperaturen stark schwanken.

Viele Gärtner packen kleine Saatgutmengen in Papiertütchen und stecken dann meh-

Stangenbohnen (li.) befruchten sich selbst, während Feuerbohnen (re.) zu den Fremdbefruchtern zählen.

Bohnensamen aus eigenem Anbau

- Obwohl sich Busch- und Stangenbohnen *(Phaseolus vulgaris)* selbst befruchten, sät man verschiedene Sorten besser mehrere Meter voneinander entfernt. Übrigens: Feuerbohnen *(Phaseolus coccineus)* und Puffbohnen *(Vicia faba)* sind Fremdbefruchter. Möchte man von ihnen reine Samen gewinnen, sollte weit und breit keine zweite Sorte wachsen.

- Während des Sommers hält man Ausschau nach den besten Pflanzen und markiert sie mit bunten Bändern. Auswahlkriterien sind etwa kräftiger Austrieb, lange und pralle Hülsen, gesundes Laub oder – bei Buschbohnen – fehlende Ranken und gedrungener Wuchs.

- Die Hülsen bleiben so lange hängen, bis sie bräunlich werden und eintrocknen.

- Reife Hülsen müssen nach der Ernte 2–3 Wochen nachtrocknen. Die Kerne dürfen sich nicht mehr mit dem Fingernagel eindrücken lassen.

- Bei Buschbohnen hat es sich bewährt, die komplette Pflanze auszureißen und zum Nachtrocknen kopfüber aufzuhängen: an einem überdachten Ort.

- Während des Kerne-Pulens werden verletzte und sortenuntypische Samen aussortiert. Wer jede Saison ein paar Bohnen von der Aussaat aufbewahrt, hat den direkten Vergleich stets vor Augen.

- Das Lager regelmäßig kontrollieren und vom Bohnenkäfer befallene Samen entsorgen.

rere davon in ein großes Weckglas mit Bügelverschluss oder verstauen sie in einer großen Teedose. Den Überblick behält, wer die Tütchen sortiert nach Aussaatmonat in den Behälter schichtet. Außerdem hilft es, die Samentütchen in sinnvollen Gruppen zu bündelt: etwa Salate, Hülsenfrüchte, Kohl, Wurzelgemüse, …

Saatgut aus dem Handel geht oft in Papiertüten über die Ladentheke. Praktisch daran ist, dass man sie wie Karteikärtchen in einen passenden Karton stellen kann und später, ohne lange zu kramen, schnell die gesuchte Packung findet. Alle Saatguttüten aus Papier bewahrt man an einem kühlen, trockenen Ort auf, damit sie keine Feuchtigkeit ziehen.

Auch Fappkartons, Holzkistchen und Spanschachteln, in denen Saatgut lagert, muss man trocken lagern, denn auch sie nehmen aus der Luft Wasser auf, ebenso wie die Samer. Diese erwachen dadurch aus ihrer Keimruhe.

Wer kühle Räume nur gepaart mit hoher Luftfeuchtigkeit zur Verfügung hat, steckt

papierne Saatguttüten luftdicht in Gefrierboxen oder verschließbare Kunststofftüten. Aus Fotopapier, alten Kalenderblättern oder Geschenkpapier lassen sich hübsche Tüten auch selbst falten oder kleben.

Tiefkühl-Saat

Bei −18 °C in der Tiefkühltruhe bleiben Samen im Prinzip je nach Pflanzenart bis zu 10 oder 20 Jahre lang keimfähig. Doch das Tiefgefrieren muss fachgerecht erfolgen. Denn wenn die Samen nicht vollständig durchgetrocknet sind, zerplatzen ihre Zellen, weil sich gefrierendes Wasser ausdehnt.

Bei trockenen Samen ist das wenige, noch vorhandene Zellwasser so mit Salzen und Zuckern aufgeladen, dass es nicht mehr vereisen kann. Wer Samen einfrieren möchte, trocknet sie vorher gründlich auf einer Heizung, im Dörrapparat oder über Silika-Gel und packt sie anschließend mit Namen und Erntejahr beschriftet in luftdichte Gefäße.

Kleines Saatgut-Lexikon

Dunkelkeimer

Die meisten Pflanzensamen keimen bei Licht und Dunkelheit gleich gut. Bei Dunkelkeimern stört Licht die Keimung. Samen können die Dauer und die Intensität des Lichtes messen und steuern so Keimung und Wachstum. Absolute Dunkelkeimer sind etwa Gurke, Kürbis, Melone, Jungfer im Grünen und Alpenveilchen.

F1-Saatgut

Dieses Saatgut liefert meist Pflanzen mit höheren Erträgen und Krankheitsresistenzen. Allerdings lohnt es nicht, von F1-Pflanzen Samen zu ernten. Denn die nachfolgenden Generationen besitzen oft andere Eigenschaften als ihre Eltern. F1-Saatgut müssen Gärtner – anders als bei Saatgut samenfester Sorten – also stets neu kaufen.

Kaltkeimer

Pflanzen (Stauden und Gehölze) aus Gebieten mit kalten Wintern sind Kaltkeimer. Sie benötigen eine bestimmte Zeit lang tiefe Temperaturen, um die Keimung vorzubereiten. Dadurch schützen sich die Pflanzen davor, im Winter auszutreiben und zu erfrieren. Nach der Kaltphase brauchen die Samen warme Temperaturen, um zu keimen und weiter zu wachsen.

Keimfähigkeit

Samen sind nicht beliebig lange lebensfähig. Je nach Größe des Nährstoffspeichers im Korninneren überleben sie in der Regel zwischen 1 und 6 Jahren. Danach sind sie nicht mehr in der Lage zu keimen. Samen von Schwarzwurzeln haben beispielsweise eine sehr kurze Keimfähigkeit von nur 1 Jahr.

Keimprobe

Dies ist eine Methode, um die Keimfähigkeit von Saatgut zu ermitteln. Dazu legt man 10 oder mehr Samenkörner (je nach Größe) auf ein feuchtes Tuch. Eingerollt und in eine Tüte verpackt zeigen sich bei einer Temperatur von 20–25 °C nach kurzer Zeit erste Keimlinge. Samen, die nach wenigen Tagen nicht aufgequollen sind, keimen in der Regel auch später nicht mehr. Die Keimfähigkeit von Handelssaatgut liegt bei mehr als 80 %. Ergeben sich bei älterem Saatgut Keimraten von 60–80 %, ist dies für den Hausgarten noch ausreichend. Man sät dann etwas dichter. Keimen weniger Samen, lohnt die Aussaat meist nicht mehr.

Keimruhe

Die Keimruhe ist ein Schutzmechanismus des ausgereiften Samenkorns. Damit verhindern die Pflanzen in der kalten und gemäßigten Zone, dass ihre Samen während ungünstiger Wachstumsbedingungen keimen. Faktoren, wie Feuchtigkeit, Licht und Temperatur, können die Keimruhe beenden. Die Dauer dieser Phase unterscheidet sich von Pflanze zu Pflanze.

Keimtemperatur

Sie umfasst den Temperaturbereich, bei dem die Keimung stattfindet. Samen benötigen neben bestimmten Lichtverhältnissen und Feuchtigkeit auch Wärme, um zu keimen. Diese unterscheidet sich von Pflanzenart zu Pflanzenart. Tomaten keimen erst bei einer Temperatur von 24–28 °C, Feldsalat dagegen schon bei 16–18 °C. Samen beginnen zu faulen, wenn der Boden zwar feucht ist, die Temperaturen aber nicht im optimalen Bereich liegen.

Lichtkeimer

Licht fördert die Keimung von manchen Samen. Dabei ist die Lichtintensität und die Lichtdauer für diesen Prozess entscheidend. Wie bei Dunkelkeimern steuert auch bei Lichtkeimern der Samen, wann er zu keimen beginnt. Meist wird das Saatgut trotzdem mit einer dünnen Erdschicht abgedeckt, damit die Samen nicht austrocknen. Zu den Lichtkeimern zählen etwa Salat, Möhren, Fuchsien, Gräser, Lobelien, Pfingstrosen und Vergissmeinnicht.

Milchreife

Milchreife nennt man das Stadium von Saatgut, in dem sich die Schale dunkel zu verfärben beginnt. Der Keimling im Samenkorn ist fertig ausgebildet und die Nährstoffe sind eingelagert. Die Ernte in der Phase der Milchreife erfolgt bei Pflanzen, deren Samen zeitlich versetzt reifen (z. B. Kohl oder Radieschen).

Samenfeste Sorte

Saatgut von samenfesten Sorten lässt sich – im Gegensatz zu F1-Saatgut – im Hausgarten gut weitervermehren. Die nachfolgenden Generationen aus selbst vermehrtem Saatgut tragen die sortentypischen Eigenschaften. Zu samenfesten Sorten zählen Land- und Lokalsorten und alte Sorten.

Totreife

Die Tot- oder Vollreife beschreibt ein Reifestadium von Samen. Es handelt sich um Saatgut bester Qualität, da es an der Pflanze ausreifen konnte. Meist erfolgt die Ernte vor Vollreife. Bei Pflanzen mit zeitlich versetzt reifenden Samen ist zur Totreife bereits ein Großteil der Körner ausgefallen.

Richtig pflanzen

Gehölze, Stauden und Zwiebelblumen kommen gut aus ihren Startlöchern, wenn diese sorgfältig ausgehoben und mit bester Erde versorgt wurden.

D ie beste Pflanzzeit für Bäume und Sträucher ist der frühe Herbst. Dann durchdringen feine Würzelchen die Erde noch vor dem Winter und nehmen reichlich Wasser auf. Das führt zum einen dazu, dass das Gehölz im Frühjahr »voll im Saft steht« und seine Blätter und Triebe kräftig sprießen lässt. Zum anderen brauchen Gärtner bei Weitem nicht so viel und so oft zu wässern wie nach einer Pflanzung im Frühjahr oder Sommer. Die Herbstpflanzung empfiehlt sich sowohl für Bäume und Sträucher, die mit Wurzelballen angeboten werden, als auch für wurzelnackte Exemplare. Letztere sind frisch ausgegraben und werden ohne Erde, also mit nackten Wurzeln angeboten. Damit sie nicht vertrocknen, bekommt man sie nur im Herbst und Winter, wenn ihre Blätter abgefallen sind.
Gehölze und Stauden, die in Töpfen oder großen Pflanzcontainern angeboten werden, kann man dagegen das ganze Jahr über in den Boden setzen – außer er ist gefroren. Ihr Wurzelballen ist dicht genug, um einen Pflanzschock zu verwinden. Wurzelnackte Gehölze müssen bei der Pflanzung kräftig zurückgeschnitten werden, sie sind preiswerter und langfristig oft wüchsiger und standfester als Containerpflanzen.

Gut zu wissen

- **Vor dem Pflanzen** säubert man die Fläche gründlich von allen Wildkräutern, vor allem solchen, die sich unterirdisch über Wurzelausläufer oder Knollen ausbreiten, etwa Quecke oder Giersch. Später wird man sie kaum mehr los.
- **Die Erde mit der Grabgabel lockern,** große Erdschollen zerschlagen und Steine auflesen, bevor das Pflanzloch für das neue Gehölz ausgehoben wird.
- **Damit Stauden und Gehölze** gut anwachsen, verbessert man den Aushub mit torffreier Pflanzerde, reifem Kompost oder Wurmhumus. Sandige und kiesige Böden profitieren zusätzlich von Bentonit (Tonmehl).
- **Lieber etwas zu hoch als zu tief** pflanzen. Zu tief gesetzte Gehölze kümmern, manche Stauden blühen nicht.
- **Johannisbeersträucher** setzt man dagegen 1 Handbreit tiefer als vorher, dann bilden sich zusätzliche Wurzeln am Stammgrund, der mit Erde bedeckt ist.
- **Erde sackt um 10–20 %,** wenn sie locker in ein Pflanzloch gefüllt wurde. Deshalb darf ein größeres Gehölz nach der Pflanzung auf einer ganz leichten Erdwölbung stehen.

Nach dem Pflanzen wässert man durchdringend. Je nach Pflanzenart dürfen es 5–20 l sein. Vor dem Gießen formt man mit Erde einen kleinen Wall weitläufig um die Pflanzstelle, damit das Wasser nicht davonfließt.

Die Veredelungsstelle von Obstbäumen oder Rosen muss über der Bodenoberfläche liegen, sonst treibt die Edelsorte unter Umständen eigene Wurzeln. Wo der Baum veredelt ist, erkennt man an einem Knubbel oder leichten Knick am Stamm.

Gehölze aus dem Container

Viele Obstgehölze und Ziersträucher werden zunehmend in Töpfen angeboten. Weil die Wurzeln bei einer Containerpflanze intakt sind, muss man die Zweige nicht unbedingt zurückschneiden.
Hilfreich ist es, mit den Fingern den Rand des Wurzelballens aufzulockern, ohne die Wurzeln zu verletzen. Gepflanzt wird am besten zu zweit: Einer hält den Baum in der richtigen Höhe und rüttelt leicht, während der andere die Erde nach und nach ins Pflanzloch einfüllt und leicht festtritt. Wichtig ist der Pflanzpfahl, damit das Gehölz selbst bei Sturm nicht hin und herschwankt, denn dann reißen die neuen Feinwurzeln gleich wieder ab. Bei kleinen Bäumen klopft man den Pfahl neben dem Wurzelballen in die Erde, und zwar auf der Seite, aus der der Wind am häufigsten weht. Bei großen Ballen schlägt man 1–2 Pfähle schräg ein, damit sie den Ballen nicht durchbohren. Mit Kokosstrick wird der Baum fixiert: Erst windet man den Strick in Form einer Acht mehrmals um Stamm und Pfahl. Den Rest des Stricks wickelt man fest um diese Schnur-Acht, bis eine dicke Wurst zwischen Stamm und Pfahl entstanden ist und der Baum wackelfest ist.

Rosen brauchen frischen Boden

Will man eine eingegangene Rose durch eine neue ersetzen, müssen zunächst alle Wurzeln und möglichst auch ein Großteil der Erde entfernt werden. Denn Rosengewächse, zu dieser Familie gehören unter anderem auch Apfel, Birne, Kirsche, Pflaume oder Brombeere, kümmern, wenn man sie an dieselbe Stelle pflanzt. Rose auf Rose, Apfel auf Apfel – das verträgt sich nicht. Die Pflanzen wachsen auf diesen müden Böden kümmerlich, die Blätter bleiben klein, sie blühen kaum und oft fehlt ihnen das satte Grün. Experten vermuten, dass Wurzelausscheidungen für diesen Effekt verantwortlich sind. Sie stehen im Verdacht, schädliche Bakterien im Boden zu fördern, die den frisch gepflanzten Rosen das Einwurzeln schwer machen.

Das ausgeräumte Pflanzloch füllt man mit frischer Erde, der man großzügig Kompost beimengt. Der sorgt für ein reges Bodenleben und angenehmes Wurzelklima. Wer sich diesen Erdaustausch sparen möchte, sucht einen unbelasteten Platz für das neue Gehölz.

Staudenbeete renovieren

Stauden, die nicht mehr so reichlich blühen und innen verkahlen, müssen geteilt werden, damit sie wieder kräftig durchtreiben. Im Herbst kann man alle Stauden teilen, besonders die Frühblüher wie Blaukissen, Polsterphlox oder Gemswurz profitieren davon und blühen gleich im Jahr danach munter drauflos.

- Staude ausgraben und sämtliche Wurzeln entfernen, die nicht zu dieser Pflanze gehören. Besonders Quecke, Giersch & Co. müssen raus.
- Ballen je nach Größe mit den Händen, einem Messer oder dem Spaten in faustgroße Stücke teilen.
- Jedes Teilstück sollte mehrere kräftige Stängel besitzen.
- Die Nachkommen aus dem jüngeren Rand des alten Horstes sind am vitalsten und wachsen am besten an.
- Teilstücke in den gut gelockerten und mit Kompost oder Pflanzerde verbesserten Boden wieder so tief einsetzen, wie sie zuvor standen.

Kaiserkronen (re.) bleiben von Wühlmäusen oft verschont – aber nicht immer. Werden Stauden alle paar Jahre geteilt (u.), kommt das einer Verjüngungskur gleich.

Zwiebeln richtig setzen

Spätestens im Oktober sollten Blumenzwiebeln in die Erde kommen, damit sie vor dem Winter neue Wurzeln ausbilden. Je nach Pflanzenart setzt man sie unterschiedlich tief. Als Faustregel gilt: Alle Zwiebeln und Knollen werden etwa doppelt so hoch mit Erde bedeckt wie sie dick sind. Wühlmäuse bleiben auf Abstand, wenn man die Pflanzlöcher mit Hühnerdraht auskleidet.

Lebensraum für Tiere

Erst wenn hier, dort und da drüben jemand hüpft, krabbelt, flattert oder kriecht, tobt vor der Tür das pralle Leben. Gärtner können eine Menge tun, damit gelegentliche Besucher zu Stammgästen werden.

Naturgarten voller Leben

Wo nektarreiche Blumen blühen, wilde Beeren reifen und ruhige Ecken Unterschlupf gewähren, finden Wildbienen, Igel, Singvögel und viele mehr ein Zuhause.

Vogelgezwitscher dringt aus den Büschen, ein Frosch lässt sich platschend ins Wasser fallen. In den Beeten summt und brummt es, emsiges Treiben zeigt sich bei genauem Hinschauen. Wer wünscht sich da keinen Naturgarten? Sofort und auf der Stelle! Doch damit der Garten zu ihrer Heimat wird, brauchen Wildtiere nicht nur einen Tisch, reich gedeckt mit Blüten, Früchten oder Insekten, sondern auch eine Kinderstube und ein geeignetes Winterversteck. Denn in akkurat aufgeräumten Gärten mit dichten Zäunen wartet man vergeblich auf seltene Vögel, Igel, Insekten oder Frösche. Zwar lässt sich der eine oder andere durchaus blicken, doch bleibt es meist bei einer Stippvisite.

Wer dagegen hier und dort einen Steinhaufen oder Holzstapel liegen lässt, Kinderstuben für Wildbienen errichtet, Vogelkindern ein sicheres Zuhause zimmert und manche Gartenecke ganz sich selbst überlässt, hat bald zahlreiche tierische Mitbewohner. Und erst dann erwacht ein Naturgarten richtig zum Leben, in das der Mensch kaum mehr eingreifen muss.

Liebling Wildbiene

Von flauschig bis kahl, von schwarz bis geringelt, von schlank bis pummelig. In Wildbienen-Kreisen ist alles erlaubt. Diese Abwechslung, aber auch ihre Lebensweise und ihr Fleiß machen diese Insekten bei Gärtnern so beliebt. Anders als Honigbienen sind Wildbienen Einzelgänger. Jedes Weibchen sucht für sich nach einem Nistplatz und versorgt den Nachwuchs mit Pollen-Proviant. Die geschlüpften Larven werden nicht weiter gefüttert, sondern sind von Anfang an auf sich selbst gestellt. Damit es im Garten surrt und summt, braucht es kaum mehr als eine abwechslungsreiche Blumenmischung, in der für jeden Flieger etwas dabei ist – und das vom Frühling bis zum Herbst. Das gelingt, wenn:

- viele ungefüllte Blüten zu finden sind. Solche Blumen spendieren den meisten Nektar und Pollen.
- viele Wildpflanzen im Garten wachsen.
- Kräuter nicht zu kurz gehalten werden, sondern blühen dürfen.
- Spät- und frühblühende Gehölze das Buffet vervollständigen.

Schwebfliegen brauchen leichten Zugang zum Nektar.

Diese Solitärwespe inspiziert einen möglichen Nistplatz.

Hier fühlen sich Wildbienen zu Hause

Mauer-, Woll- oder Blattschneiderbienen beim Nestbau zu beobachten, macht einfach großen Spaß – Unterkünfte für ihren Nachwuchs zu zimmern sowieso. Wildbienen-Weibchen sind keine Diven, eher echte Naturmädels. Trotzdem oder gerade deshalb wählen sie ihren Nistplatz sehr sorgfältig aus. Lage, Bausubstanz und Innenausstattung müssen Eiern, Larven und geschlüpften Bienen bestmögliche Sicherheit bieten. Besteht die Gefahr, dass der Nachwuchs unter Pilzkrankheiten, gefräßigen Vögeln, Hunger oder Verletzungen leidet, lehnt eine Wildbienen-Mutter instinktiv ab. Schließlich steht der Fortbestand der ganzen Familie auf dem Spiel.

Weil jede Bienenart etwas andere Ansprüche an ihr Heim hat, lohnt es im Garten mehrere Bauweisen anzubieten: aus unterschiedlichen Materialien und mit verschiedenen Einflugloch-Durchmessern. Dann ziehen sicher bald erste Bewohner ein.

5 Tipps für Bauherrn

1 Standort: Zeigt das Einflugloch nach Südosten, stehen die Chancen gut, dass Wildbienen zur Wohnungsbesichtigung kommen. Sie wissen, dass diese Seite warm und einigermaßen windgeschützt, aber nicht den ganzen Tag der vollen Sonne ausgesetzt ist. Ein Dach (-vorsprung), der vor Regen schützt, macht

Je größer die Vielfalt in einem Insektenhotel, desto mehr Wildbienen-Arten finden dort ein Zuhause.

die Bleibe noch attraktiver. Die Bienenkinder sollen es trocken haben.

2 Röhrenwohnungen: Viele Wildbienen legen ihre Eier in waagerechte, hohle und kreisrunde (oval-eiförmige verschmähen sie oft) Gänge, etwa in Strohhalme, Schilfstängel oder Bambusrohre, je nach Körpergröße bevorzugt eine Art mal diese, mal jene Behausung. Entscheidend ist, dass die Röhren 10–20 cm lang und von einer Seite verschlossen sind. Außerdem dürfen keine Splitter in das Innere ragen.

3 Nistgänge im Holz: bohrt man am besten in die Längsseite von hartem Buchen-, Eichen- oder Eschenholz, das kaum splittert und wenig klebriges Harz enthält. An der Stirnseite reißt das Holz häufig sternförmig um die Löcher herum ein. Das mögen Bienen nicht, weil sich in den Ritzen Pilze ansiedeln können. Ideal sind 5–10 cm tiefe Löcher mit unterschiedlichen Durchmessern zwischen 2 und 10 mm. Statt Holzblöcken eignen sich auch gebrannte Tonquader zum Bohren.

4 Markhaltige Stängel: Manche Arten, etwa die Gemeine Maskenbiene, nagen ihr Nest in markhaltige Stängel, die aufrecht stehen – gerne auch in angeschnittene Triebe von Himbeeren oder Brombeeren.

5 Unterkünfte für Selbstbauer: Viele Wildbienen und einige Grabwespen legen ihre Eier in lockere Erde. Andere, etwa die Blauschwarze Holzbiene und die Wald-Pelzbiene, nagen Nester in morsches Holz. Kleine Haufen aus Flugsand oder sandigem Lehm und lockere Holzstapel geben diesen Arten im Garten ein Zuhause.

Hereinspaziert
ihr Igel

Weil natürliche Mischwälder inzwischen vielerorts fehlen, ziehen Igel gerne zu uns in den Garten. Vor allem wenn sie dort Futter und Unterschlupf finden.
Unter Steinhaufen, in Trockenmauern, in bunten Hecken, im Fallaub: Überall dort stöbern die Stacheltiere Spinnen, Insekten und Schnecken auf – also alles, was ihnen schmeckt und sie stärkt. Je mehr solcher wilder, abwechslungsreicher Ecken der Garten birgt, desto lieber kommen Igel zu Besuch. Wenn über den Winter außerdem Laub- und Reisighaufen liegen bleiben, irgendwo unberührte Holzstöße lagern oder Ritzen zu behaglichen Mulden unter dem Schuppen führen, ist das Igel-Glück perfekt. Denn ihre Nester und Wohnungen für den Winterschlaf bauen sie nur an sicheren und trockenen Orten. Gerne übrigens auch in einer von Menschenhand gebauten Igel-Villa. Aber Gärtner können noch mehr tun, damit sich ein Igel – er ist Einzelgänger – dauerhaft einrichtet:

- Weil Igel-Babys erst im August oder September geboren werden, schaffen es viele nicht, sich vor dem Frost genügend Gewicht anzufuttern (500 g sollten es sein), um den Winter zu überstehen. Wer ihnen ab Anfang September Extra-Mahlzeiten serviert, hilft den Tieren, Reserven zu bilden. **Rührei** oder eine **Mischung aus Katzenfeuchtfutter und Haferflocken** essen Igel gerne.
- Zum Trinken genügt Igeln täglich **frisches Wasser** in einer flachen Schale. Milch mögen sie zwar, aber sie bekommt ihnen nicht gut.
- Igel wandern weit umher. Das können sie nur, wenn der **Gartenzaun Lücken hat** – zur Not nachträglich gesägte.

Damit sie den Winter überstehen, müssen Igelkinder vor dem ersten Frost mindestens 500 g wiegen.

Eine Igel-Villa bauen

Die Holzkiste mit Deckel ist ruck, zuck gezimmert (B: 30 cm, L: 40 cm, H: 30 cm). Hat der Eingang einen Durchmesser von 10 cm, passt jeder Igel hindurch, aber Katzen trauen sich nicht rein. Zusätzlichen Schutz vor Störenfrieden bietet eine bis auf einer 10-cm-Spalt durchgezogene Innenwand, die eine sichere Schlafkammer abtrennt.
Damit die Bewohner keine nassen Füsse bekommen, stellt man die Igel-Villa auf durchlässigen Boden (eventuell mit Kies und Sand dränieren). Je geschützter der Standort, desto besser. Wer mag, füllt das Haus vorab mit trockenem Laub, aber die Tiere nehmen die Inneneinrichtung auch selbst in die Hand.

Ein Vogel-Schutzgebiet hinter dem Haus

Ruhige Plätzchen zum Schlafen und Nisten und ein – mit Insekten, Beeren und Sämereien – reich gedeckter Tisch: So lockt man zahlreiche Singvögel in den Garten.

Die meisten Gartenvögel sind Kulturfolger – Tiere also, die sich seit Langem an ein Zusammenleben mit uns Menschen gewöhnt haben. Amsel, Kleiber, Buchfink, verschiedene Meisen: Ein Teil von ihnen stammt ursprünglich aus dem Wald und fühlt sich deshalb in Gärten voller Bäume und Sträucher wie zu Hause.

Auch mit einigen Felsenbrütern dürfen Vogelfreunde rechnen: Schwalbe, Mauersegler, Grauschnäpper und Hausrotschwanz, die einst in Felsspalten oder an steinigen Ufern brüteten, betrachten mittlerweile Garagen, Schuppen und Wohnhäuser als ihre Ersatzfelsen. Allerdings: Auch das Leben als Gartenvogel ist kein Zuckerschlecken. Das beweist schon der »Allerwelts-Spatz« dessen Bestandszahlen in den letzten Jahren deutlich zurückgingen.

Wer ihm und seinen gefiederten Begleitern unter die Flügel greifen möchte, kann so einiges tun:

- **Dichte Hecken:** Grasmücke, Zilpzalp, Hänfling, Heckenbraunelle, Amsel und Singdrossel brüten gern in ihrem Schutz, aber auch andere Vögel fühlen sich darin wohl – und finden Insekten und Beeren.
- **Dornentragende Gehölze:** Wenn die Hecke dazu auch noch Dornen oder Stacheln trägt, umso besser: etwa dank einiger Exemplare von Weiß- oder Feuerdorn, Stechpalme und Wildrose. Diese Sträucher bieten das ganze Jahr über volle Deckung.
- **Klettermaxe:** Efeu, Glyzinie, Geißblatt, Kletterrose und andere Kletterer leben auf kleinem Fuß und nutzen die oberen Regionen. Ideal für jeden, der im Mini-Garten den Vögeln Verpflegung und ein Heim bieten will.
- **Totholz:** Zaunkönig, Rotkehlchen und andere Bodenbrüter begeistern sich für Reisig- oder Totholzhaufen – die sie nach Nahrung durchsuchen oder zum Brüten verwenden.

- **Vogelbad:** Hier stillen die Tiere ihren Durst und pflegen ihr Gefieder – und das zu jeder Jahreszeit. Schutz vor anschleichenden Katzen bieten Vogelbäder auf einem Ständer.
- **eine wilde Gartenecke** – wo Beifuß, Kletten, Ampfer und Brennnesseln wachsen dürfen. Denn gerade »Unkräuter« stehen auf der Nahrungsliste vieler Vögel ganz weit oben.
- **ein Vogelfutter-Beet** – voll mit Sonnenblume, Amarant, Gartenmelde, Hirse, Buchweizen, Mohn, Lein und Baumspinat. Dort können Vögel ihre Lieblingskörner direkt von den Halmen ernten.
- **eine wilde Gartenecke** – wo Beifuß, Kletten, Ampfer und Brennnesseln wachsen dürfen.

Beeren für Piepmätze

Eberesche: Weil sie die üppigen Beerendolden für unwiderstehlich halten, entpuppen sich 60 verschiedene Vogelarten als unermüdliche Erntehelfer.

Efeu verwandelt Haus-, Garagen- und Schuppenwände in kleine Biotope für Spatz, Grünfink und Zaunkönig – und liefert dazu eine Unmenge von Beeren.

Kornelkirsche: Dompfaff, Kleiber & Co. fliegen auf ihre lackroten Früchte, und wenn der Mensch nicht aufpasst, bleibt für Saft und Marmelade nichts mehr übrig.

Schwarzer Holunder: Er ernährt sie alle – vom Gimpel bis zum Braunkehlchen, vom Seidenschwanz bis zur Heckenbraunelle.

Weißdorn: Er liefert in seinem stacheligen Geäst ideale Brutplätze und Nahrung für über 30 Vogelarten.

Ob Felsenbirne (li.) oder Eberesche (re.), je mehr Beeren im Garten reifen, desto wohler fühlen sich Singdrossel und Co.

So nisten Vögel am liebsten

Vogel-Nistkästen im Garten aufzuhängen, ist immer eine gute Idee. Denn wer hat schon abgestorbene Bäume mit natürlichen Höhlen anzubieten? Darin brüten viele Vögel nämlich am liebsten, etwa Meisen, Kleiber, Trauerschnäpper oder Sperlinge. Aber sie beziehen anstandslos auch Wohnungen aus Menschenhand – vorausgesetzt der Nachwuchs ist darin sicher und hat es bequem.

Was einen guten Nistkasten ausmacht

- Die Grundfläche misst **mindestens 12 cm × 12 cm**.
- Die Bodenplatte hat **3–4 Luftlöcher** mit einem Durchmesser von 5 mm.
- Das **Einflugloch** liegt 17 cm über dem Boden, damit Katzen oder Marder nicht

mit ihren Pfoten nach Eiern oder Jungvögeln angeln können.
- Auch ein tiefer **Dachüberstand** erschwert Feinden den Zugriff auf das Einflugloch.
- Aus dem gleichen Grund **verzichtet man** beim Bau eines Nistkastens besser **auf eine Ansitzstange**.
- Das Einflugloch zeigt **nach Osten oder Südosten**. Diese Seiten liegen geschützt vor Wind, Regen und voller Sonne.
- Der Kasten hängt **2–3 m über dem Boden** und ist fest montiert. Mögliche Orte sind: am Stamm eines Baumes oder einer Hauswand.
- Die Vögel haben **freie Flugbahn** zum Eingangsloch.
- Der nächste Nistkasten befindet sich **mindestens 10 m** entfernt. Nur Sperlinge, Stare und Schwalben brüten gerne in Gesellschaft. Alle anderen gehen lieber auf Abstand zu Artgenossen.

- Der Kasten bleibt **auch im Winter** hängen. Bei Minusgraden kann er Vögeln das Leben retten.

Wer ihn sonst noch nutzt

Siebenschläfer, Baummarder oder Haselmaus verschlafen in Nistkästen den Winter, Schmetterlinge übernachten darin. Manchmal ziehen auch Eichhörnchen oder Fledermäuse ein. Meist stören sich gefiederte und andere Mieter gegenseitig nicht. Entweder sie belegen den Kasten ohnehin zu unterschiedlichen Jahreszeiten oder wohnen zusammen darin.

Wimmelt es allerdings vor Ungeziefer, hält das die Eltern vom Nestbau ab. Deshalb sollten Gärtner **alte Nester jährlich direkt nach der Brutsaison entfernen** und den Nistkasten ausfegen. Mehr ist nicht nötig, um Milben, Flöhe, Zecken und Federlinge in Schach zu halten. Seife und andere Putzmittel wären sogar schädlich.

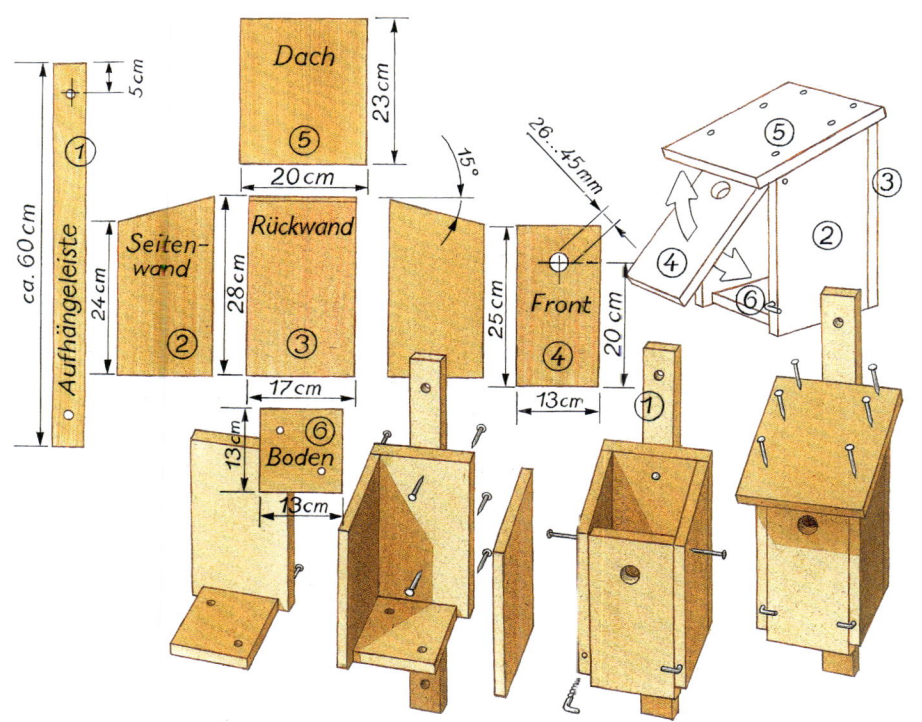

Ansitzstangen erleichtern Vögeln Abflug und Landung. Allerdings verschafft sich auch manch Angreifer darüber Zutritt.

Eine Burg für Eidechsen

Damit der Eidechsen-Körper beweglich bleibt, muss er immer wieder Sonne tanken. Die besten Ladestationen sind Steine, Holzstapel oder Baumstümpfe, die sich rasch aufwärmen. Auf diesen Stammplätzen bekommen Gärtner die flinken Tiere am ehesten zu Gesicht – vorausgesetzt dort herrscht nicht zu viel Trubel. Aber auch unbeobachtet vertilgen Zauneidechsen im Garten Schnecken, Käfer und ihre Larven, Ameisen und Spinnen.

- Wirklich sesshaft werden Zauneidechsen erst, wenn sie eine sichere **Kinderstube** vorfinden. Ihre Eier legen Weibchen ab Mai an sonnige Stellen in sandige Erde.
- Ebenso wichtig ist ein **Winterversteck**. Dort verbringen die Tiere die kalten Monate: Männchen ab Ende August, Weibchen und Jungtiere ab Oktober.

Eidechsen-Jungs werden mutig, während sie ein Mädchen suchen. Deshalb sieht man sie im Mai besonders häufig.

So entsteht ein Domizil für Familie Eidechse

Eine Burg aus Steinen ist schnell erbaut und lockt viele Bewohner an. Sonnenbaden, schlafen, Eier legen. Eine Steinburg (siehe Illu) bietet Eidechsen für all das den richtigen Raum.

Klingt nach Immobilien-Werbung? Stimmt trotzdem: Ein Steinhügel heizt sich an sonnigen Tagen rasch auf und speichert die Wärme für eine ganze Weile. Zwischen den Steinen tun sich breite und schmale Gänge oder kleine Höhlen auf. Sie dienen als Schlafplatz, Versteck vor Angreifern oder – ganz tief im Inneren – als Winterquartier.

- **Standort:** Eine Reptilien-Burg bekommt am besten den sonnigsten Platz im Garten. Zu heiß? Zu hell? Das gibt es für die Reptilien nicht. Schließlich flitzt ihr wechselwarmer Körper erst in Eidechsen-Geschwindigkeit, wenn er ordentlich aufgeheizt ist. Und das ist in mittleren Breiten ohnehin keine Selbstverständlichkeit. Außerdem sollte der Baugrund etwas abseits liegen. Hektisches Treiben mögen die Tiere gar nicht.

- **Fundament:** Damit Regenwasser gut abläuft und bei Frost keine Steine sprengt, braucht das Gemäuer eine Dränage. Dazu hebt man spatentief eine Fläche von etwa 1 m × 1 m aus und füllt sie mit Kies.
- **Bauweise:** Am besten wählt man Steine in einer Größe, die ein Mensch gerade noch tragen kann. Sie werden über der Kies-Dränage zu einem luftigen, aber stabilen Hügel aufgeschichtet und die Hohlräume teilweise (!) mit Sand verfüllt. Zusätzliche Sandkuhlen rund um die Burg animieren die Weibchen zur Eiablage.
- **Winterdomizil:** Sicheren Schutz vor Frost finden Eidechsen entweder im frostfreien Zentrum der Steinburg – wenn diese groß genug ist. Oder man buddelt den Reptilien 1 m tiefe Erdgruben (Durchmesser 1 m), die man locker mit Steinen, morschen Holzstücken und Laub füllt und mit einem Reisighaufen abdeckt. In solchen Mulden überwintern nicht nur Eidechsen, sondern auch Blindschleichen und Molche.

Warme Steine, weiche Sandkuhlen und einige Ritzen als sicheres Versteck. Mehr brauchen Zauneidechsen nicht zu ihrem Glück.

Einladung für Schmetterlinge

Falter mögen üppig sprudelnde Nektarquellen, die sie mit ihren langen Rüsseln aussaugen. Je vielfältiger das Blütenangebot im Garten, umso besser für sie. Bei Schmetterlingen stehen blaue, violette und lilarote Blüten hoch im Kurs. Ausnahmen bestätigen die Regel: Gelb und Weiß gelten zwar nicht als klassische Tagfalterfarben, dennoch sind Postillon und Goldene Acht davon begeistert. Und auch Kleiner Fuchs und Tagpfauenauge naschen gerne an den gelben Blüten von Goldrute und Sonnenhut.

- Die Falter zieht es vor allem im Hochsommer in blühende Gärten, wenn die Blumenwiesen gemäht und viele Wildkräuter bereits verwelkt sind.
- Das Gedrängel im Luftraum über einem blühenden Sommerflieder ist unübersehbar, aber auch viele andere Pflanzen locken Falter an, z. B. Dill, Petersilie, Liebstöckel, Rosmarin, Salbei, Melisse, Thymian, Lavendel, Levkoje, Blutweiderich, Herbst-Aster, Storchschnabel, Ziest, Löwenzahn, Margerite, Mauerpfeffer, Klee, Distel, Sonnenhut, Fuchsie, Verbene, Wandelröschen, Zinnie, Kapuzinerkresse.
- Nachtfalter besuchen gerne helle, vor allem weiße Blüten mit schwerem, süßem Duft, die ihnen den Weg zur Nektarbar weisen, wie Geißblatt, Nachtkerze, Petunie, Seifenkraut, Phlox oder Ziertabak. Wenn man diese möglichst in die Nähe der Terrasse pflanzt, kann man an warmen Sommerabenden die Blütenbesucher dort gut beobachten.

Die Raupen sind deutlich wählerischer als die Falter, oft sind sie auf eine Pflanzenfamilie oder wenige Arten spezialisiert. Der Fraß schadet den Futterpflanzen in der Regel nicht, sie gleichen den Verlust der Blätter schnell aus.

- **Brennnessel:** Admiral, Brennnesselzünsler, Distelfalter, Kleiner Fuchs, Landkärtchen, Höckereule, Tagpfauenauge
- **Brombeere, Himbeere:** Brombeer-Spinner, Brombeer-Kleinbärchen, Perlmutterfalter, Roseneule
- **Kreuzblütler:** Aurorafalter, Resedafalter, Weißlinge
- **Wegerich:** Scheckenfalter, Staubeule, Englischer Bär
- Der Nachwuchs des Apollofalters lebt an **Fetthennen**, der des Ameisen-Bläulings an **Thymian**.

Falter-Treffpunkt Sommerflieder

Jeder Trieb trägt eine Blütenrispe, die mit verführerischem Duft lockt.

Kaum eine andere Blütenpflanze wird derart von Schmetterlingen, aber auch Bienen, Hummeln und Schwebfliegen umschwärmt und belagert wie der Sommerflieder (*Buddleja davidii*). Er blüht im Hochsommer, wenn andere Sträucher den Insekten längst nichts mehr zu bieten haben. Seine nach Honig duftende Nektarbar ist 6–7 Wochen lang täglich geöffnet. Sowohl Tagfalter wie auch nachtaktive Schmetterlinge besuchen die langen Blütenrispen eifrig.

- **Blüte verlängern:** Wer früh- und spätblühende *Buddleja*-Sorten in seinen Garten holt, kann die Blütezeit von Juli bis weit in den Herbst hinein verlängern.

Der Schwalbenschwanz hat eine stattliche Flügelspannweite von bis zu 7,5 cm. Wer Dill, Fenchel oder andere Doldenblütler anbaut, kann darauf die auffälligen Raupen beobachten.

- **Richtig schneiden:** Ein starker Rückschnitt im März regt Austrieb und Blütenbildung an. Die Sträucher können problemlos auf ¼ ihrer ursprünglichen Höhe gekürzt werden.

Süßer Fruchtsaft-Cocktail

Im Herbst machen sich nicht nur Blüten, sondern auch die Schmetterlinge rar, wobei die meisten Arten als Puppe überwintern. Zu den weniger Faltern, die spät im Jahr noch unterwegs sind, zählen Admiral, C-Falter oder Nierenfleck. An sonnigen September- und Oktobertagen sieht man diese Hartgesottenen oft ausgehungert im Garten an saftigem Fallobst, wie Äpfel, Birnen oder Zwetschgen, saugen.

Nützlinge locken

Manche Tiere sind bei Gärtnern besonders willkommen – zu ihren Leibspeisen zählen Blattläuse, Raupen und andere ungebetene Gäste.

Ausgewachsene Florfliegen sind vor allem auf Nektar und Honigtau aus. Aber ihre Larven verschlingen mehrere Hundert Blattläuse.

Wenn Gärtner sich nach der Gesellschaft von Marienkäfern, Igeln und Wanzen sehnen, fehlt es in der Regel nicht an besten Speisen für die geladenen Gäste. Blattläuse, Schnecken, Raupen … der grüne Tisch wäre reich gedeckt. Trotzdem bleibt der Andrang an willkommenen Besuchern aus? Es könnte am tristen Ambiente und mangelnder Gastlichkeit liegen. Wer Nützlinge möglichst rasch abspeisen möchte, aber sonst keinen Service bietet, den empfehlen die Tiere nicht weiter.

Einen guten Ruf genießen in Insekten- und Kleintierkreisen Gärten mit gemütlichen Ecken, in die sich die Gäste zwischen den Mahlzeiten, bei schlechtem Wetter oder sogar einen Winter lang zurückziehen können. Für eine angenehme Atmosphäre sorgen etwa Hecken aus verschiedenen Laubgehölzen: Darin verbringen Marienkäfer, Schlupfwespen, Laufkäfer, Schwebfliegen oder Kurzflügler die kalte Jahreszeit und stärken sich im Frühling an den ersten Blattläusen und Raupen. Ohne diesen »Gruß aus der Hecke« vorweg würden die meisten bis zum ersten Läusegang auf dem Gemüse- oder Blumenbeet verhungern, ohne Nachkommen zu hinterlassen. Obendrein bereiten Sträucher zur Blütezeit köstlichen Nektar zu – schließlich ernähren sich viele erwachsene Fliegen und Wespen rein

vegetarisch und überlassen die Fleischgerichte ihrem Larvennachwuchs. Sie kehren außerdem gerne auf Blüten von Wilder Möhre, Margerite, Schafgarbe, Wegwarte, Klatschmohn und anderen Dolden- und Korbblütlern ein, an deren süßen Saft sie bequem gelangen.

Vom Läuse-Imbiss zum Gourmet-Garten

Spinnen, Laufkäfer, Eidechsen oder Spitzmäuse entspannen vorzugsweise zwischen von der Sonne aufgeheizten Steinen, etwa in einer Trockenmauer oder einem Steinhügel. Auch ein Haufen aus dicken und dünnen Ästen sowie schützendem Dornengestrüpp drumherum gilt als beliebter Rückzugsort. Mauswiesel, Spitzmaus oder Igel verdösen dort den Winter, Zaunkönig und Rotkehlchen brüten sogar in ruhig gelegenem Zweiggewirr. Ein Naturteich (ohne Goldfische) lädt Frosch und Kröten zum Plantschen und Laichen ein.

Wer seinen Garten derart besucherfreundlich gestaltet, kann sich einer wachsenden Stammgast-Gemeinde sicher sein, die sich hungrig auf das Schädlingsbüfett stürzt. Die Namen und Essgewohnheiten derer, die auf jeder Garten-Gästeliste stehen sollten, sind auf den nächsten Seiten zusammengetragen.

Marienkäfer-Larve

Schwebfliegen-Larve

Florfliegen-Larve

Wir haben Blattläuse zum Fressen gern

Schreiten Gärtner Ende Mai nervös ihren Gartenweg ab, haben sie möglicherweise kurz zuvor die ersten Läusefamilien an Rosenstängeln oder Clematistrieben erspäht. Ob diese Entdeckung in Horrorszenarien von verkrüppelten Blättern mündet, hängt nicht zuletzt von anderen Gartengästen ab: Die Läuse gelten bei vielen Tierarten als Delikatesse.

■ Allen voran stehen Marienkäfer und ihre Larven in dem guten Ruf, die Läuseschar in Schach zu halten. Größere Arten wie der Siebenpunkt-Marienkäfer vertilgen rund 150 Läuse pro Tag, der kleine Zweipunkt-Marienkäfer bringt es auf immerhin 60 Exemplare. Weil die Tiere auf ihren Rundflügen gezielt nach Blattläusen suchen und ihre gelben, ovalen Eier mitten in Läusekolonien ablegen, gelingt es Marienkäfern die Macht der Pflanzensauger deutlich zu schwächen.

Allerdings nur wenn die Käfer schon im Garten wohnen, bevor die Läuse ihn einnehmen. Die Chancen stehen gut, wenn Marienkäfer in Sträuchern bereits im Frühjahr Futter finden und ruhige Winterquartiere unter Steinhaufen oder in Baumstümpfen beziehen dürfen. In warmen Wohnräumen können die Käfer ihren Stoffwechsel nicht drosseln und verhungern.

■ Schwebfliegen legen ihre länglichen (1 mm) weißen Eier vorzugsweise an

Orten ab, in deren Umgebung für sie selbst ausreichend Nahrung blüht: Denn während die gelblich-grünen Larven bis zur Verpuppung etwa 700 Blattläuse verschlingen, naschen die Fliegen ausschließlich Nektar, Pollen und Honigtau. Wer ihnen möglichst schon im Frühling blühende Haselnusssträucher oder Weiden bietet, außerdem den Sommer und Herbst mit weiteren Sträuchern, Stauden, Kräutern, Sommerblumen und Gräsern versüßt, kann sich ihres Besuchs sicher sein. Verwechslungsgefahr mit Wespen besteht trotz des bedrohlichen Musters nicht: Schwebfliegen haben keine eingeschnürte Taille, nur ein Paar Flügel und ihr typischer Schwebeflug ist einmalig.

■ Die Eier der Florfliege erinnern an kleine grüne Luftballons: Damit kein anderes gefräßiges Tier darüber stolpert, kleben die Weibchen ihre Eier an das eine Ende eines Sekretfadens, das andere befestigen sie an der Pflanze. Die schlüpfenden Larven sind beigebraun gemustert, borstig und tragen am Kopfende kräftige Greifer, mit denen sie Blattläuse in die Zange nehmen – je nach Florfliegen-Art mehrere Hundert bis Tausend Stück während ihres Larvenlebens. Ausgewachsene Fliegen vergreifen sich selten an Läusen, sie bevorzugen Nektar und Honigtau. Am häufigsten trifft man in Gärten auf die Gemeine Florfliege (Chrysoperla carnea), deren Körper im Frühling und Sommer zart grün schimmert und im Herbst – wenn die Tiere Unterschlupf auf kühlen (!) Dachböden und in Schuppen suchen – ins Bräunliche wechselt. Dann sehen sie einem nahen Verwandten, dem Blattauslöwen, sehr ähnlich.

- **Ohrwürmer** knabbern hin und wieder an Blüten und Früchten, am liebsten fressen sie Blattläuse oder andere Insekten. Im Normalfall verspeisen sie in nur einer Nacht über 100 Läuse.
- Neben pflanzenschädlichen, gallenbildenden **Gallmücken** fliegen im Garten auch Arten (wie *Aphidoletes aphidimyza*) umher, die Jagd auf Blattläuse machen.

Gallmücken-Weibchen riechen, wo Blattläuse siedeln, und platzieren genau dort ihre orangefarbenen Mini-Eier. Die orange-roten Larven sind zwar sehr klein, je nach Larvenstadium 0,3–6 mm, erlegen aber während ihrer Entwicklungszeit rund 50 Blattläuse. Sie lähmen die Läuse mit einem Stich ins Bein und saugen ihnen den Saft aus dem Leib. Je größer das Läuseangebot, desto häufiger zapfen sie einen neuen Wirt an – selbst wenn sie den alten nur zum Teil aufgefressen haben. Auf diese Weise bringen die kleinen Larven mehr Blattläuse zur Strecke, als sie benötigen würden.

Einige **Schlupfwespen** (siehe auch S. 163: Wir haben Raupen zum Fressen gern) haben sich auf Blattläuse spezialisiert. Von deren Larven ausgefressene Läuse blähen sich auf und glänzen bräunlich.

Wir haben Spinnmilben zum Fressen gern

Sind die Blätter von Johannisbeere, Gurke oder Bohne erst in ein schleierartiges Gespinst eingehüllt, ist es zu spät. So weit muss es nicht kommen, wenn sich diese Spinnmilben-Gourmets im Garten einfinden:

- **Raubmilben** zwischen den schädlichen Spinnmilben zu entdecken, gelingt relativ leicht: Die Nützlinge krabbeln eifrig umher, während die Schädlinge meist unbeweglich an einer Stelle hocken, um dort Pflanzensaft zu schlürfen. Je mehr Spinnmilben (oder Thripse) die räuberischen Verwandten vorfinden, desto verschwenderischer fressen sie und saugen oft nur kurz an einem Tier, bevor sie das nächste Opfer anstechen. Vor allem der Obstbaumspinnmilbe setzen verschiedene Raubmilbenarten gehörig zu – vorausgesetzt es wurden keine chemischen Pflanzenschutzmittel gespritzt, denn darauf reagieren Raubmilben sehr empfindlich.
- **Spinnmilben** stehen auch auf dem Speiseplan vieler **Blumen- und Weichwanzen**. Erwachsene Tiere machen jeden Tag bis zu 100 Milben den Garaus, eine Larve frisst bis zum Erwachsenenalter 500 Exemplare. Selbst Milbeneier sind vor ihnen nicht sicher.
- Bei **Ohrwürmern** sind Spinnmilben ebenso beliebt wie Blattläuse und andere kleine Insekten. Milben und ihre Eier zählen außerdem zu den Favoriten vieler räuberisch lebender Kurzflügler-Arten.

Wer noch auf der Karte steht

Auf irgendwessen Speiseplan steht in der Natur fast jedes Tier, auch wenn nicht alle so viele Feinde haben wie Blattläuse oder Spinnmilben. **Gemüsefliegen**, wie Kohl- oder Möhrenfliege, haben vor allem Kurzflügler und manche Schlupfwespen-Arten zu fürchten. **Schildläuse** geraten ebenfalls oft in die Fänge von Schlupfwespen und in die von Marienkäfern. Der **Kartoffelkäfer** muss sich vor allem vor dem Körnigen Laufkäfer in Acht nehmen und **Fadenwürmer** im Boden (Nematoden) vor unterirdisch lebenden Raubmilben.

Sogar **Pilze**, etwa Mehltau oder Apfelschorf, bleiben nicht verschont. Flechtlinge, das sind winzige Insekten, grasen den Pilzrasen von den Blättern. Auch der gelb-schwarze 22-Punkt-Marienkäfer frisst gerne Mehltaupilze.

Der Körnige Laufkäfer liebt Kartoffelkäferlarven.

Viele Raubmilbenarten haben sich auf Spinnmilben und Thripse spezialisiert, doch manche fressen lieber Blattläuse.

Wir haben Schnecken zum Fressen gern

Der Anblick kahl geraspelter Dahlien und Salatpflanzen treibt selbst ausgeglichenen Gärtnern Zornesröte ins Gesicht. Als fleißige Helfer beim Schnecken-Sammeln haben sich Indische Laufenten erwiesen. Aber auch wer keine Möglichkeit hat, gefiederte Gärtner anzustellen, bekommt Unterstützung – vorausgesetzt diese Tiere fühlen sich im Garten wohl:

■ Befindet sich ein Gewässer in der Nähe, sind Erdkröten selten weit. Tagsüber verkriechen sich die warzigen Lurche unter Brettern, Laub oder Steinen, nachts hopsen sie durchs Dunkel und entsorgen Schnecken, Raupen und größere Larven. Erdkröten bleiben einem Garten oft über Jahre treu und kehren nach dem Laichen im Heimatteich zurück.

■ Spitzmäuse sind mit Haus-, Feld- oder Wühlmäusen weder verwandt noch teilen sie deren Essgewohnheiten. Sie haben es auf lebendige Fleischkost abgesehen. Ihr tägliches Menü besteht aus Nacktschnecken, aber auch aus Drahtwürmern, Engerlingen oder Maulwurfsgrillen. Im Garten richten sie sich im Komposthaufen oder in ruhigen Ecken unter Holzbrettern, Steinen und Laub ein.

■ Einen ganz ähnlichen Geschmack wie Spitzmäuse beweisen Igel. Können sie sich im Brennnesselgebüsch oder unter Laub- und Reisighaufen ein ungestörtes Tages-Nest einrichten, suchen sie nachts nach eiweißreichen Speisen.

■ Eidechsen retten in Schneckenjahren zwar nicht die Salaternte, tragen aber ihren Teil dazu bei. Deshalb lohnt es,

Steinhaufen oder -mauern im Garten zu errichten. Mit etwas Glück ziehen dort Zaun- oder Mauereidechsen ein.

■ Sehr häufig erlegen auch Laufkäfer Schnecken. Beim bis zu 3 cm großen Lederlaufkäfer gehören sie zusammen mit Larven, Raupen und Würmern zu den Hauptnahrungsmitteln. Der schwarze, flugunfähige Käfer weicht seine Beute in Verdauungssäften ein, um sie bequem schlürfen zu können.

■ Glühwürmchen – besser gesagt ihre Larven – sind ebenfalls erfolgreiche Schneckenjäger. Der gefräßige Würmchen-Nachwuchs spritzt seinem Opfer ein lähmendes Gift in den Körper und schleift es dann an einen geschützten Ort, wo er es ohne Hast verspeist.

Gartenspitzmaus

Erdkröte

Lederlaufkäfer

Schlupfwespe

Wir haben Raupen zum Fressen gern

Im Gemüse- und Obstgarten tun sich regelmäßig die Raupen verschiedener Schmetterlinge gütlich. Wie dicht sie Äpfel, Kohl und andere bevölkern, liegt unter anderem am Vorkommen dieser Tiere:

■ **Schlupfwespen** lehren vielen Falterarten das Fürchten. Die meisten legen ihre Eier in deren Raupen oder direkt daneben ab. Andere befallen die Schmetterlings-Eier oder -Puppen. Die Wespen-Larven ernähren sich zunächst von Körpersäften und weniger wichtigen Organen ihres Wirts — er bleibt also noch eine Weile am Leben, stirbt aber, bevor er sich vermehren kann. Schlupfwespen bevorzugen häufig bestimmte Falterarten. Die einen parasitieren vor allem Apfelwickler, andere Kohlweißlinge oder den Prozessionsspinner. Schlupfwespen verpuppen sich direkt neben ihrem toten Opfer. Die gelb eingesponnenen Kokons werden manchmal für Raupeneier gehalten, beherbergen aber die nächste Generation Nützlinge. Ausgewachsene Schlupfwespen saugen am liebsten an Doldenblütlern.

■ Viele **Baumwanzen** und manche Weichwanzen (etwa *Atractotomus mali*) haben es ebenfalls auf Raupen abgesehen. Baumwanzen greifen ihr Opfer von hinten an, spießen es auf ihren Rüssel und lähmen es mit giftigem Speichel.

■ **Raupenfliegen** sind von Stubenfliegen kaum zu unterscheiden. Sie kleben ihre Eier an die Haut oder Haare der unfreiwilligen Wirte oder in deren Nähe auf die Pflanze. Ins Innere der Raupe gelangen die Fliegenlarven, indem die Eier gefressen werden oder sich die Larven durch die Haut bohren. Ähnlich den Schlupfwespen und anderen Parasiten höhlen sie ihr Opfer langsam aus und lassen schließlich eine tote Hülle zurück. Raupenfliegen befallen Wicklerraupen, Gespinstmotten, Frostspanner, Kohlweißlinge, Schwammspinner und andere Raupen, aber auch Käfer- oder Blattwespenlarven.

■ **Lehmwespen** legen in ihren Nestern einen Vorrat aus Falter-Raupen an, damit die Larven gut versorgt sind. Nisthilfen locken die Tiere in den Garten.

■ Der **Lederlaufkäfer** nimmt es nicht nur mit Schnecken, sondern auch mit Raupen jeder Größe spielend auf.

Ihr seid auch eingeladen

Einige Tiere im Garten ernähren sich sehr vielseitig und sind gern gesehen.

■ **Spinnen** — sowohl Radnetz- als auch Krabben-, Wolfs- und andere Spinnen — fangen Fliegen, Mücken, Blattläuse oder Milben und gehören deshalb zweifellos zu den Nützlingen.

■ **Vögel** schleppen während der Aufzucht ihrer Jungen unzählige Raupen, Larven, Läuse und andere Insekten ins heimische Nest. Je mehr Meisen, Rotkehlchen, Rotschwänzchen und Spatzen umherfliegen oder im Garten nisten, desto besser.

■ Wem es gelingt, das seltene **Mauswiesel** in den Garten zu locken, dürfte mit Wühlmäusen keine Probleme mehr haben. Das mit dem Marder verwandte Tier sucht am liebsten ruhige Rückzugsorte unter Stein- oder Holzhaufen auf.

Adressen, die Ihnen weiterhelfen

Gemüse- und Kräutersamen

Ellenberg's Kartoffelvielfalt
Ebstorfer Straße 1
29576 Barum
Tel.: 0 58 06/3 04
www.kartoffelvielfalt.de
(Bio-Pflanzkartoffeln: alte und seltene Sorten)

Dreschflegel
Postfach 12 13
37202 Witzenhausen
Tel.: 0 55 42/50 27 44
www.dreschflegel-saatgut.de
(Bio-Saatgut)

Bioland Hof Jeebel
Jeebel 17
29410 Salzwedel
Tel.: 03 90 37/7 81
www.biogartenversand.de
(Bio-Gemüse, -Kräuter, -Stauden, -Sommerblumen, -Rosen, -Obst)

beetfreunde
Erwin-Bauer-Straße 23
06484 Quedlinburg
Tel.: 01 63/2 32 44 90
www.beetfreunde.de
(Bio-Saatgut)

Bingenheimer Saatgut
Kronstraße 24
61209 Echzell-Bingenheim
Tel.: 0 60 35/1 89 90
www.bingenheimersaatgut.de
(Bio-Saatgut)

Blauetikett-Bornträger
67591 Offstein
Tel.: 0 62 43/90 53 26
www.blauetikett.de
(Bio-Saatgut)

Sativa Biosaatgut
Keltenweg 4
79798 Jestetten
Tel.: + 41/(0)5 23 04 91 60
www.sativa-biosaatgut.de
(Bio-Saatgut)

grünerTiger
Felix Lage
Fallerstraße 18
82433 Bad Kohlgrub
Tel.: 0 88 45/7 57 99 88
www.gruenertiger.de
(Bio-Saatgut: alte Kulturpflanzen/Sorten)

Biosaatgut
Gaby Krautkrämer
Weingartenstraße 58
97252 Frickenhausen am Main
Tel.: 0 93 31/9 89 42 00
www.bio-saatgut.de
(Bio-Saatgut)

Arche Noah
Obere Straße 40
A-3553 Schiltern
Tel.: + 43/(0) 27 34/8 62 6
www.arche-noah.at
(Bio-Saatgut: alte Sorten)

Reinsaat Emmelmann
A-3572 St. Leonhard am Hornerwald 69
Tel.: + 43/(0) 29 87/23 47
www.reinsaat.co.at
(Bio-Saatgut)

Kräuter

Garten und Kräutermagie Keller
Markfelderstr. 32
45711 Datteln
Tel.: 0 23 63/36 12 88
www.gartenmagie-keller.de
(Bio-Kräuter)

Kräuter-Simon
Strengweg 1, Efkebüll
25842 Langenhorn
Tel.: 0 46 72/77 67 99
www.kraeuter-simon.com
(Bio-Kräuter)

herb's Bioland Gärtnerei
Herbert Vinken
Stedinger Weg 16
27801 Dötlingen OT Nuttel
Tel.: 0 44 32/9 40 03
www.herb-s.de
(Bio-Kräuter)

Kräuter- und Wildpflanzen-versand
Friedhelm Strickler
Lochgasse 1
55232 Alzey
Tel.: 0 67 31/38 31
www.gaertnerei-strickler.de
(Bio-Pflanzen: Kräuter, Stauden, Gemüse, Gehölze)

Hof Berg-Garten
Lindenweg 17
79737 Herrischried
Tel.: 0 77 64/2 39
www.hof-berggarten.de
(Bio-Kräuter, Bio-Wildblumen)

Stauden

Syringa Duftpflanzen und Kräuter
Untere Gräben
78247 Binningen
Tel.: 0 77 39/14 52
www.syringa-pflanzen.de
(Bio-Pflanzen: Stauden, Kräuter)

Staudengärtnerei Gräfin von Zeppelin
Weinstraße 2
79295 Sulzburg-Laufen
Tel.: 0 76 34/55 03 90
www.graefin-von-zeppelin.de
(Stauden, Gräser, Kräuter, Rosen)

Blumenschule
Augsburger Straße 62
86956 Schongau
Tel.: 0 88 61/73 73
www.blumenschule.de
(Bio-Pflanzen: Stauden, Sommerblumen, Kräuter)

Staudengärtnerei Gaißmayer
Jungviehweide 3
89257 Illertissen
Tel.: 0 73 03/72 58
www.gaissmayer.de
(Stauden, Kräuter, Gräser)

Sarastro-Stauden
Ort 131
A-4974 Ort im Innkreis
Tel.: + 43/(0)6 64/2 61 03 62
www.sarastro-stauden.com
(Stauden, Alpenpflanzen, Raritäten)

Pflanzen-Vielfalt
Weiherblick 14
79809 Weilheim
Tel.: 0 77 41/8 35 30 81
www.saatgut-vielfalt.de
(Stauden-Saatgut)

Rosen

Bioland Rosenschule Ruf
Zum Sauerbrunnen 35
61231 Bad Nauheim-Steinfurth
Tel.: 0 60 32/8 18 93
www.rosenschule.de

Noack Rosen
Im Waterkamp 12
33334 Gütersloh
Tel.: 0 52 41/2 01 87
www.noack-rosen.de

Rosenhof Schultheis
Bad Nauheimer Str. 3
61231 Bad Nauheim
Tel.: 0 60 32/92 52 80
www.rosenhof-schultheis.de

Rosenwelt Tantau
Tornescher Weg 13
25436 Uetersen
Tel.: 0 41 22/70 84
www.rosen-tantau.com

Obstgehölze

Bioland Baumschule & Obstgarten
Dr. Ute Hoffmann
Uepser Heide 1
27330 Asendorf
Tel.: 0 42 53/80 06 22
www.hoffmann-obstbaumschule.de
(Bio-Gehölze)

Baumgartner Baumschulen
Hauptstraße 2
84378 Nöham
Tel.: 0 87 26/2 05
www.baumgartner-baumschulen.de
(alte und seltene Sorten)

Baumschule Brenninger
Hofstarring 2
84439 Steinkirchen
Tel.: 0 80 84/25 99 01
www.baumschule-brenninger.de
(Bio-Gehölze)

Baumschule Plattner
Haag 4
94501 Aldersbach
Tel.: 0 85 47/5 88
www.baumschule-plattner.de

Häberli Fruchtpflanzen
Stocken
CH-9315 Neukirch-Egnach
Tel.: +41/(0)7 14 74 70/70
www.haeberli-beeren.ch

Lubera
Lagerstrasse
CH-9470 Buchs
Tel.: +41/(0)81756/3033
www.lubera.com

Bayerisches Obstzentrum (Bay|O|Z)
Dr. Michael Neumüller
Am Süßbach 1
85399 Hallbergmoos
Tel.: 08 11/99 67 93-23
www.obstzentrum.de

Rebschule Steinmann
Sandtal 1
97286 Sommerhausen
Tel.: 0 93 33/2 25
www.reben.de
(Weintrauben)

Stichwortverzeichnis

Bildnachweis

Alexander Raths – shutterstock.com: 31
Andrea Ravasio – shutterstock.com: 118ul
Andrea Wilhelm – fotolia.com: 9
andrey7777777 – fotolia.com: 128
Anna Shepulova – shutterstock.com: 32u
Baumjohann: 77u, 108, 111, 120, 137, 144,
BENCHA STEWART – shutterstock.com: 130
Birute Vijeikiene – shutterstock.com: 91or
Blickwinkel/J. Kottmann: 160ol, 160or, 160u
Bo Valentino – shutterstock: 162r
Borkowski: 4l, 10/11, 88
Boza C – shutterstock.com: 158
Christin Lola – shutterstock.com: 65
Claire Plumridge – shutterstock.com: 90o
Colette3 – shutterstock.com: 97
Coramueller – istockphoto.com: 51
Dieter Hawlan – fotolia.com: 135
Dieter76 – fotolia.com: 53
Dimijana – shutterstock.com: 134
Ela110 – fotolia.com: 43, 45r
Emer – fotolia.com: 86
Erni – shutterstock.com: 154r
Falconi-Borja: 54–61
Fauna Press/Nature Picture Library/Paul
    Hobson: 5r, 148/149
Flora Press/Botanical Images: 66m
Flora Press/Daniela Kunze: 75
Flora Press/Derek Harris: 82/83
Flora Press/Focus on Garden/von Luckner:
    125l
Flora Press/Garden Collection: 14l
Flora Press/GWI: 147u
Flora Press/Kramp + Göling: 95o
Flora Press/MAP: 39u
Flora Press/Meli Freudenberg: 153ul, 153ur
Flora Press/Meyer-Rebentisch: 27
Flora Press/Nadja Buchczik: 12, 14ur, 14or
Flora Press/Nova Photo Graphik: 4r, 30,
    33, 62/63
Flora Press: 76ur, 85
Friederike Take/botanikfoto: 126
GAP Photos/Amy Vonheim: 46m
GAP Photos/Dave Bevan: 46r
GAP Photos/FhF Greenmedia: 142r
GAP Photos/Graham Strong: 50ml
GAP Photos/Howard Rice: 38ol
GAP Photos/J S Sira: 28
GAP Photos/John Glover: 50l, 50mr
GAP Photos/Julia Boulton: 121u
GAP Photos/Julie & Vic Pigula: 50r
GAP Photos/Juliette Wade: 131
GAP Photos/Lynn Keddie: 87u
GAP Photos/Mark Winwood: 107, 146l
GAP Photos/Maxine Adcock: 52r, 52m,
    52l, 113, 132
GAP Photos/Nicola Stocken: 121o
GAP Photos/Robert Mabic: 125r
GAP Photos/Thomas Alamy: 46l
GAP Photos/Tommy Tonsberg: 116
GAP Photos: 13, 15, 92, 93, 94or, 94ur,
    94ul, 94ol, 140, 145
GBA/Noun: 19
GoodMood Photo – shutterstock.com: 44m
gorillaimages – shutterstock.com: 71r
Gräfen: 101
Hecker: 37u, 153o
Jeka84 – shutterstock.com: 48
JoannaTkaczuk – shutterstock.com: 45l

John Shepherd – istockphoto.com: 34
Juefraphoto – istockphoto.com: 44
Julia700702 – shutterstock.com: 91ol
Kati Molin – shutterstoc.com: 49
Ictishka – fotolia.com: 146r
Lechner: 40, 41
Lecic – istockphoto.com: 35
Lilyana Vynogradova – shutterstock.com: 79
Linda George – shutterstock.com: 1
LiuSol – shutterstock.com: 127
M.R. Swadzba – fotolia.com: 153l
Mariusk87 – fotolia.com: 156
Mark Herreid – shutterstock.com: 118ur
Martina Roth – shutterstock.com: 44r
Matej Ziak – shutterstock.com: 159
mauritius images/Westend61/Dieter
    Heinemann: 76l
Melinda Fawver – shutterstock.com: 133
Michael Tieck – fotolia.com: 163r
Mike Hubrich – shutterstock.com: 98r
Nadezhda Kulikova – shutterstock.com: 155r
Naftizin – fotolia.com: 106
neil hardwick – shutterstock.com: 136
Niehoff/imageBROKER/Alfred Schauhuber:
    161o
Nitr – shutterstock.com: 7
Olha Solodenko – shutterstock.com: 147o
panthermedia.net/Goodluz: 5l, 104/105
Pforr: 162l
Philetdom – fotolia.com: 6
Pixelmixel – fotolia.com: 26
Radka Palenikova – shutterstock.com: 84
Romrodphoto – shutterstock.com: 71l
Saratm – fotolia.com: 118ol
Shulevskyy Volodymyr – shutterstock.com:
    36, 148
Shutterschock – shutterstock.com: 157o
Singulyarra – shutterstock.com: 154l
sparkie/pixelio.de: 77o
Stephane Bidouze – shutterstock.com: 157u
Strauß: 2/3, 16, 17, 18, 22, 24, 39o, 39m,
    42, 78, 80, 81, 87o, 89, 96, 100, 122,
    123, 125m, 141
Studio 37 – shutterstock.com: 37
Svetlana Foote – shutterstock.com: 142l
Swetlana Wall – fotolia.com: 64
thatmacroguy – shutterstock.com: 151
The Len – shutterstock.com: 74
Thitisan – shutterstock.com: 150
Thomas Klee – shutterstock.com: 71m
TMsara – shutterstock.com: 98l
torte83 – fotolia.com: 110
VRD – fotolia.com: 117
Walter: 152
www.haeberli-beeren.ch: 66l, 66r, 67l,
    67m, 67r
www.kordes-rosen.com: 102m
www.noack-rosen.de: 102l, 102r
www.rosenhof-schultheis.de: 103
www.videx.de: 118or
www.wikipedia.org: 76or

Grafiken:
Archiv kraut&rüben: 124
Faltermayr: 21, 23, 25, 32o, 47, 72, 90u,
    91u, 95u, 155l
Greune: 108o
Janicek: 115
Passet: 129
Rost: 156r

Impressum

Bibliografische Information der Deutschen Nationalbibliothek
Die Deutsche Nationalbibliothek verzeichnet diese Publikation in der
Deutschen Nationalbibliografie; detaillierte bibliografische Daten sind im
Internet über http://dnb.d-nb.de abrufbar.

BLV Buchverlag
GmbH & Co. KG
80636 München
© 2016 BLV Buchverlag GmbH & Co. KG, München

Deutscher Landwirtschaftsverlag GmbH,
Redaktion kraut&rüben
80797 München
© 2016 dlv Deutscher Landwirtschaftsverlag, München

Autoren:
Ute Bauer, Katharina Bodenstein, Wolfram Franke, Katja Holler, Eva
Puchtinger, Ulrike Schäfner, Roswitha Schauer, Christiane Widmayr-Falconi

Umschlagkonzeption: BLV Buchverlag
Umschlagfotos:
    Vorderseite: GAP Photos/Tim Gainey
    Rückseite: Philetdom – fotolia.com (links), Radka Palenikova – shutter-
    stock.com (Mitte), Strauß (rechts)

Redaktion: Eva Puchtinger, Christina Freiberg
Lektorat: Rita Meixner
Herstellung: Angelika Tröger
Layoutkonzept Innenteil: griesbeck design, Dorothee Griesbeck, München
Layout: Anton Walter, Gundelfingen

Gedruckt auf chlorfrei gebleichtem Papier

Printed in Germany
ISBN 978-3-8354-1586-7

Hinweis

 www.facebook.com/blvVerlag

kraut&rüben – Der Klassiker!

kraut&rüben ist der Klassiker unter den Bio-Gartenmagazinen. Dabei ist das biologische Gärtnern keine Modeerscheinung, sondern feste Überzeugung seit über 30 Jahren. Seit dieser Zeit steht kraut&rüben für hohe gärtnerische Kompetenz verbunden mit Lust auf Genuss und Lebensfreude. Jeden Monat neu.

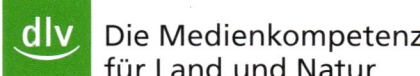